Jesus in the Present Tense

Copyright ⓒ 2011 Warren W. Wiersbe
Originally published in English under the title Jesus in the Present Tense by David C. Cook,
4050 Lee Vance View, Colorado Springs, CO 80918, U.S.A.

All right reserved.

Korean Edition Copyright ⓒ 2012 by Timothy Publishing House, Inc.,
Seoul, Republic of Korea

이 한국어판의 저작권은 David C. Cook과 독점 계약한 (주)도서출판 디모데에 있습니다.
신 저작권법에 의하여 한국 내에서 보호를 받는 저작물이므로 무단 전재와 무단 복제를 금합니다.

오늘 나의 삶에 계시는 예수

1쇄 인쇄	2012년 4월 30일
1쇄 발행	2012년 5월 15일
지은이	워렌 위어스비
옮긴이	박혜경
펴낸곳	주)도서출판 디모데 〈파이디온 선교회 출판 사역 기관〉
등록	2005년 6월 16일 제 319-2005-24호
주소	서울 강남구 개포동 1164-21
전화	마케팅실 070) 4018-4141
팩스	마케팅실 02) 6919-2384
홈페이지	www.timothybook.com

값 12,000원
ISBN 978-89-388-1543-9
Copyright ⓒ 주)도서출판 디모데 2012 〈Printed in Korea〉

그리스도의 'I AM' 메시지

워렌 위어스비 | 박혜경 옮김

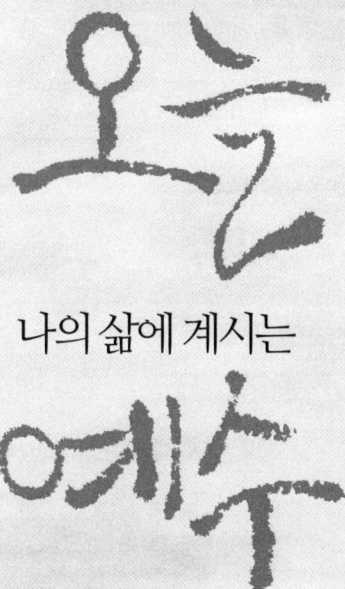

나의 삶에 계시는

"많은 이들이 솜사탕 신학을 제시하는 이 시대에 워렌 위어스비는 하나님의 말씀으로부터 빵, 고기, 우유 그리고 꿀을 제공해준다."

마이클 캣(Michael Catt)
조지아 주 알바니 시의 셔우드 침례교회 당회장 및
셔우드 픽쳐스 사의 책임 프로듀서

"예수 그리스도는 지금부터 영원토록 우리에게 진정으로 중요한 분이시다. 워렌 위어스비는 예수님의 'I AM' 메시지를 통해 우리에게 새로운 통찰을 제시한다. 그리스도가 어떤 분이신지를 아는 것도 중요하지만 그리스도가 당신을 위해 무엇을 하실 수 있는지를 아는 것은 생과 사를 가를 만큼 중요하다."

팔머 친첸(Palmer Chinchen) 박사
「진정한 종교(True Religion)」와 「주무시지 못하는 하나님(God Can't Sleep)」의 저자

"워렌 위어스비 목사는 우리 시대의 가장 위대한 성경 해설가 가운데 한 사람이다."

빌리 그레이엄(Billy Graham)

"워렌 위어스비 박사는 학문적으로나 신학적으로 건강하다. 그는 성경의 심오한 진리들을 모든 사람이 이해하고 적용하기 쉽도록 설명해준다. 성경학자이건 이제 막 그리스도 안에서 믿음을 갖게 된 사람이건 그의 통찰력으로 건져 올린 성경의 진리들은 차별 없는 유익함을 제공한다. 내 자신에게 그랬던 것처럼 말이다."

켄 바우(Ken Baugh)
캘리포니아 주 코스트힐즈 커뮤니티교회 목사

차례

추천사 ... 9

머리말 ... 13

01 모세의 질문: 하나님은 누구신가 ... 17

02 사도 요한의 대답: 예수님은 하나님이시다 ... 31

03 생명의 떡 ... 37

04 세상의 빛 ... 61

05 문 ... 81

06 선한 목자 ... 101

07 부활이요 생명 ... 121

08 길과 진리 그리고 생명 ... 143

09 참 포도나무 ... 169

10 나는 버림받은 자라 ... 189

11 나는 예수라 ... 203

12 오늘을 살며 섬기기 ... 221

주 ... 239

추천사

사람들은 제목과 표지로 책을 판단하는 경향이 있다. 그러나 나는 그렇게 하지 않으려고 늘 노력한다. 내 서재에는 만여 권에 가까운 책이 있는데, 나는 저자와 내용으로 책을 판단하려고 애쓴다. 겉표지는 우리를 속이기 쉬우나 알맹이는 진짜를 보여준다.

내가 소장하고 있는 도서 가운데 2백 권에 이르는 책의 저자이자 편집자인 워렌 위어스비(Warren Wiersbe)가 쓴 책들은 그가 하나님과 동행하고, 하나님께 귀를 기울이며, 하나님의 말씀을 친밀하게 알고 있는 사람인 것을 증명해준다. 당신이 지금 손에 들고 있는 이 책도 예외가 아니다.

내가 막 사역을 시작한 초보 목사였을 때 맨 처음 구입한 책이 바로 워렌 위어스비의 「존재론 시리즈(The Be Series)」였다. 그 책은 내가 성경을 이해하는 균형 잡힌 시각을 갖도록 도와주었다. 목사로서 나는 언제나 그 주석 시리즈를 통해서 성경 본문에 대한 나의 해석이 타당한지를 점검한다.

워렌 위어스비는 전 세계 주일학교 교사들과 신학교 교수들로부터 존경받고 있는 이 시대 최고의 성경 해설가이다. 평신도로부터 학자들에 이르기까지 다양한 부류의 독자들이 그의 책을 사랑한다. 그의 통찰력은 수백만 명에 이르는 성경공부 생도들에게 도움을 주고 있기 때문이다.

1990년대에 와서야 나는 워렌과 그의 아내 베티(Betty)를 처음으로 만날 수 있었다. 책의 저자를 만날 때면 실제 인물과 그의 저술과는 큰 간격이 있음을 종종 느끼곤 하지만 워렌은 달랐다. 그는 자신이 쓰는 글대로 사는 사람이며, 자신이 쓰는 글의 주제인 주님을 사랑한다. 나는 워렌을 친구로, 응원자로, 상담자로 갖게 된 것을 정말 감사하게 생각한다. 그와 이야기를 나눌 때면 나는 펜과 종이를 준비한다. 왜냐하면 받아 적고 기억할 만한 진리의 덩어리들이 쏟아질 것이기 때문이다. 그래서 나는 그와 대화할 수 있는 모든 기회를 소중히 여긴다. 물론, 대부분의 경우 대화라기보다는 내가 일방적으로 경청하는 시간이 되지만 말이다.

워렌 위어스비 박사의 최신 저서인 이 책을 나는 '위어스비 고전'이라 부르고 싶다. 이 책은 우리 주님이 "나는 …이다(I AM)"라고 하신 말씀들을 깊이 고찰한다. 이 책의 페이지마다 진리를 선택하는 사람들의 삶 속에서 오늘날 그리스도가 어떻게 역사하고 계시는지, 그 소망과 축복의 이야기가 펼쳐질 것이다. 당신은 예수님이 어떤 분이신지, 오늘날 당신의 삶 속에서 어떤 일들을 이루기 원하시는지 분명히 알게 될 것이다.

이 책은 우리 주님이 멀리 있는 신(神)이나 역사 속에 존재하는 무력한 분이 아님을 확증해준다. 예수님은 살아계신 하나님이시며 위대한 존재이시다. 워렌 위어스비 박사는 이 대명제를 우리의 삶에 어떻게 적용할 수 있는지 가르쳐준다. 우리는 대부분 이 책이 다루고 있는 말씀들이 너무 익숙한 나머지 그것이 신·구약 시대뿐만 아니라 바로 오늘 우리를 향한 말씀임을 잊고 있다.

　이 책을 읽고나면 당신은 예수님을 더욱더 사랑하게 될 것이다. 거룩한 삶을 통해 일상에 어떤 일들이 이루어지는지를 목도하게 될 것이다. 오늘날 많은 책들이 사람들의 입맛에 맞추려고 진리를 희석시키지만 이 책은 그렇지 않다. 이 책은 당신의 믿음을 자라게 해 일상의 모든 필요에 대해 주님을 바라보게 할 것이다.

　많은 이들이 솜사탕 신학을 제시하는 이 시대에 워렌 위어스비는 하나님의 말씀으로부터 빵, 고기, 우유 그리고 꿀을 제공해준다. 이 책의 내용은 백 퍼센트 성경적이다. 이 책을 통해 내게 말씀하셨던 주님이 당신에게도 말씀하시기를 간구한다.

마이클 캣(Michael Catt)
조지아 주 알바니 시의 셔우드 침례교회 당회장 및
셔우드 픽쳐스 사의 책임 프로듀서

머리말

예수 그리스도는 무엇과도 바꿀 수 없다. 오직 예수님만이 죄에서 우리를 구원하시며, 예수님을 위해 살기에 필요한 은혜를 우리에게 주신다. 풍성한 삶을 원하는가? 예수님께 나아가라.

우리가 주님과 관계를 맺는 방식이 바로 주님이 우리와 어떠한 관계를 맺으실지 결정하는 근거가 된다. "하나님을 가까이하라 그리하면 너희를 가까이하시리라"(약 4:8). 예수님을 떠나서 우리는 아무것도 할 수 없다(요 15:5). 열심히 인생을 산 후 맨 마지막 순간에 이르렀을 때 우리가 한 모든 일이 아무것도 남기지 못하고 일순간에 사라져버린다는 사실을 깨닫게 된다면 그 얼마나 큰 비극이겠는가.

어떤 리더, 어떤 저자, 어떤 기관, 어떤 종교적인 훈련도 예수님이 우리에게 하실 수 있는 것을 대신 해줄 수 없다. 물론 예수님이 우리의 삶 속에 역사하시도록 우리가 허락할 때 그것이 가능하다. 지금 당신이 읽고 있는 이 책조차도 단지 예수님께로 향하는 길을 가리킬 수 있을 뿐이다. 거룩한 진리는 오직 우리가 믿음으로 예수님께 항복하고 그분을 따를 때만이 우리 안에서 역동적인 생명이 된다. 이 세상에 존재하는 모든 철학과 종교의 설립자들이 지금 지구상에 살아 있다 해도 그들이 할 수 있는 말은 오직 "과거에는 그랬다"이다. 그들은 죽었고 당신을 도와

줄 수 없다. 예수님은 "과거에는 그랬다"라고 말씀하지 않으신다. 예수님은 살아계시고 "지금 나는 …이다(I AM)"라고 말씀하신다. 예수님은 오늘 우리의 필요를 채우시고, 바로 이 순간 살아서 역사하시며, 지금 우리에게 영적으로 풍성한 영적 생명을 주신다. "예수 그리스도는 어제나 오늘이나 영원토록 동일하시니라"(히 13:8). 과거의 역사와 현재의 실재와 미래의 확실함이 모두 위대한 예수 그리스도 안에서 오늘 연합하는 것이다.

성경에 기록되어 있는 예수님이 말씀하신 "나는 …이다"라는 구절들은 그리스도인의 삶의 깊이를 제시하며, 하나님의 자녀들이 오늘 예수님과 동행함으로써 어떻게 더욱 깊은 곳으로 나아갈 수 있는지를 보여준다. 우리는 사도 바울과 같이 이렇게 말할 수 있어야 한다. "이제 내가 육체 가운데 사는 것은 나를 사랑하사 나를 위하여 자기 자신을 버리신 하나님의 아들을 믿는 믿음 안에서 사는 것이라"(갈 2:20).

여기서 이 구절을 주목하라. "이제 내가 사는 것은."

기억 혹은 상상 속에서 우리는 과거나 미래에 살고자 애를 쓴다. 하지만 그것은 건강하고 창의적인 그리스도인의 삶을 방해한다. "옛날에는 참 좋았지"라는 말은 나쁜 기억력과 좋은 상상력의 합작품이라고 누군가 말했다. 나는 그 말에 동의한다. 과거가 나를 낙심시키고 미래가 나를 두렵게 할지라도 오늘 나의 삶은 "내 안에 그리스도께서 사시기 때문에"(갈 2:20 참고) 풍성하며 역동적인 삶이 된다. 우리가 한 번에 하루씩 믿음으로 살아갈 때 예수님은 우리의 삶이 신실하고, 열매 맺으며, 자족한 삶이 되도록 해주신다.

하나님은 우리가 과거를 무시하기를 원하지 않으신다. 그러나 과거는 우리를 인도하는 방향타가 될 수는 있을지언정 우리를 붙잡아주는 닻은 되지 못한다. 또한 하나님은 우리가 미래를 위한 계획을 무시하는 것도 원하지 않으신다. 우리가 "만일 그것이 하나님의 뜻이라면"(약 4:13-17 참고)이라고 고백한다면 말이다. 주님이 말씀하신 'I AM' 메시지들을 더 잘 이해하고 그 말씀들을 삶에서 적용하면 할수록 우리가 사는 날을 따라서 능력이 더해질 것이며(신 33:25), 우리는 "달음박질하여도 곤비하지 아니하겠고 걸어가도 피곤하지"(사 40:31) 않을 것이다. 또한 우리는 그리스도 안에 거하며 그분의 영광을 위해 열매를 맺게 될 것이다.

그것이 바로 이 책이 말하려는 것이다.

워렌 W. 위어스비

01

모세의 질문:
하나님은 누구신가

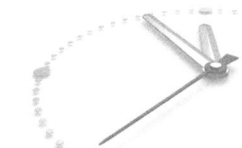

모세가 하나님께 아뢰되 내가 이스라엘 자손에게 가서 이르기를 너희의 조상의 하나님이 나를 너희에게 보내셨다 하면 그들이 내게 묻기를 그의 이름이 무엇이냐 하리니 내가 무엇이라고 그들에게 말하리이까.

- 출애굽기 3:13

⋯

헬렌 켈러는 생후 9개월 때 병에 걸려 시력과 청력을 영구적으로 잃었으며, 열 살이 되기 전까지는 주위 사람들과 의미 있는 소통을 단 한 번도 하지 못했다. 유능한 교사였던 앤 설리번(Anne Sullivan)이 손바닥에 '물'이라는 단어의 철자를 쓰면서 입으로 그것을 말하게 한 것이 헬렌 켈러가 삶에서 경험한 첫 소통이었다.

헬렌이 자신만의 소통법으로 다른 사람들과 대화를 나누는 것이 가능해지자 그녀의 부모는 당시 유명한 목회자였던 필립스 브룩스

(Phillips Brooks)를 보스톤에서 초빙해 신앙 교육을 받게 했다. 그러던 어느 날 수업 중에 헬렌은 다음과 같은 놀라운 고백을 했다. "목사님이 제게 말씀하시기 전에도 저는 하나님에 대해서 알고 있었어요. 단지 그 분의 이름을 몰랐을 뿐이에요."[1]

그리스의 철학자들은 하나님에 대한 지식과 그 이름을 명명하는 문제를 가지고 씨름을 했다. "우주의 아버지이며 창조자를 알아내는 것은 어렵다." 플라톤은 자신의 저서 「대화(Timaeus)」에서 이렇게 말한다. "만일 우리가 그를 찾아낸다고 해도 그에 대해 모든 인류에게 설명하기란 불가능하다." 플라톤은 하나님을 '기하학자'라고 했고, 아리스토텔레스는 하나님을 '원동자(原動者, prime mover)'라고 불렀다. 사도 바울이 아테네의 한 제단에서 "알지 못하는 신에게"라고 적힌 문구를 본 것이 그리 놀라운 일은 아니었다(행 17:22-23). 바울 당시의 그리스 철학자들이야말로 "세상에서 소망이 없고 하나님도 없는 자"들이었던 것이다(엡 2:12).

이 점에서는 근현대의 사상가들이라고 해서 크게 다를 바 없다. 독일 철학자 헤겔은 하나님을 "절대자(the Absolute)"라고 칭했고, 허버트 스펜서(Herbert Spencer)는 "알 수 없는 자(the Unknowable)"라고 불렀으며, 정신분석학의 창시자인 프로이드(Sigmund Freud)는 자신의 저서 「토템과 타부(Totem and Taboo)」의 4장에서 "인격화된 신은 심리학적으로 볼 때 확대된 아버지에 지나지 않는다"라는 말을 남겼다. 하나님은 아버지상을 대변할 뿐 인격적인 하나님 아버지가 아니라는 말이다. 영국의 생물학자 줄리안 헉슬리(Julian Huxley)는 자신의 책 「계시 없는 종교(Religion without Revelation)」의 3장에서 이렇게 적고 있다. "종종 신은 통치자라기보다는 우주의 체셔 고양이로서 그 마지막 미소를 닮아가고 있다." 헉슬리에게는 「이상한 나라의 앨리스」에 묘사된 판타지들이 전능하신 하나님보다 더 실재에 가까웠던 것이다!

하지만 하나님은 우리가 당신이 누구신지를 알기 원하신다. 하나님을 아는 것보다 우리 인생에서 더 중요한 일은 없기 때문이다!

구원

하나님을 아는 데 가장 우선되어야 하는 것은 하나님을 인격적으로 아는 것만이 우리 죄인들이 구원받을 수 있는 유일한 길이라는 사실이다. 예수님이 말씀하셨다. "영생은 곧 유일하신 참 하나님과 그가 보내신 자 예수 그리스도를 아는 것이니이다"(요 17:3). 눈먼 걸인을 치유하신 예수님은 나중에 다시 그를 찾으셨고, 성전에 있던 그를 보시자 이렇게 대화를 시작하셨다.

"네가 인자를 믿느냐?" 예수님이 물으셨다.

그가 대답했다. "주여 그가 누구시오니이까 내가 믿고자 하나이다."

예수님이 대답하셨다. "네가 그를 보았거니와 지금 너와 말하는 자가 그이니라."

남자가 대답했다. "주여 내가 믿나이다." 그리고 예수님 앞에 무릎을 꿇고 절했다(요 9:35-38). 눈먼 걸인은 육신의 시력을 얻었을 뿐만 아니라 영적인 눈도 떴으며(엡 1:18) 영생을 얻었다. 그가 보였던 맨 처음 반응은 모든 사람이 지켜보는 앞에서 예수님을 공개적으로 예배한 것이었다.

우리가 하나님이 어떤 분이신지, 그분의 이름이 무엇인지 알아야만 하는 두 번째 이유가 바로 여기에 있다. 우리는 하나님을 예배하고 그분께 영광을 돌리기 위해 창조되었기 때문이다. '알지 못하는 신'에게 예배를 드릴 때에는 기쁨과 위로를 얻을 수 없다. 우리는 하나님의 형상을 입은 자들이기에 지금 하나님과 교제하고, 소요리문답에 나오듯 "그를 영원토록 즐거워하도록" 창조되었다. 매주 수백만 명의 사람들이 종교적 예식에 충실하게 나아가 정해진 예배 순서에 따라 참여하지만, 그들 모두가 하나님과 인격적인 교제를 누리는 것은 아니다. 앞의 눈먼 걸인과는 달리 그들은 예수님께 무릎을 꿇고 "주여 내가 믿나이다"라고 고백한 적이 없다. 그들에게 하나님이란 멀리 있는 낯선 분일뿐 사랑하는 아버지가 아니다. 그들의 종교적인 삶은 판에 박힌 일상일 뿐 살아 움직이는 실재가 아닌 것이다.

하나님을 알아야 하는 또 하나의 이유가 있다. 그 세 번째 이유는 우리가 영생을 얻고 성경적인 예배를 실천할 때 변화된 삶의 축복을 경험할 수 있기 때문이다. 우상숭배의 어리석음을 설명하면서 시편 기자는 이렇게 덧붙인다. "우상들을 만드는 자들과 그것을 의지하는 자들이 다 그와 같으리로다"(시 115:1-8 참고). 우리는 우리가 예배하는 대상을 닮아가는 것이다! 알지 못하는 신을 섬기는 것은 우상을 의지하는 것이다. 우리는 집의 선반에 우상을 올려놓을 뿐 아니라, 우리의 마음과 생각 속에서도 우상을 섬길 수 있다.

하나님 아버지가 그분의 자녀들을 향해 가지신 애정 어린 목적은 그들이 "그 아들의 형상을 본받게" 하시려는 것이다(롬 8:29). "우리가 흙에 속한 자(아담)의 형상을 입은 것 같이 또한 하늘에 속한 이의 형상을 입으리라"(고전 15:49). 그렇다고 해서 우리는 이러한 변화를 경험하기 위해 예수님을 다시 만날 때까지 기다리기만 해서는 안 된다. 왜냐하면 성령이 오늘 우리의 변화를 시작하실 수 있기 때문이다. 우리가 기도하고 하나님의 말씀을 묵상하며 고난과 기쁨을 경험할 때, 또한 우리가 증거하고 예배하며 하나님의 사람들과 교제하면서 성령의 은사로 주님을 섬길 때 성령이 우리 속에서 잠잠히 역사하시며, 우리가 주 예수 그리스도를 보다 더 닮도록 변화시켜주신다.

결론은 분명하다. 우리가 하나님을 더 잘 알면 알수록 우리는 그분을 더욱 사랑할 것이며, 우리가 하나님을 더욱 사랑하면 할수록 우리는 그분을 예배하며 순종하는 일에 더욱더 힘쓸 것이다. 그 결과 우리는 하나님을 더욱 닮게 되며, 사도 베드로가 말했듯 "우리 주 곧 구주 예수 그리스도의 은혜와 그를 아는 지식"에서 자라가는 것을 경험하게 될 것이다(벧후 3:18). 바울은 모세의 삶에서 한 사건(출 34:29-35 참고)을 예로 들어 다음과 같이 묘사하였다. "우리가 다 수건을 벗은 얼굴로 거울을 보는 것 같이 주의 영광을 보매 그와 같은 형상으로 변화하여 영광에서 영광에 이르니 곧 주의 영으로 말미암음이니라"(고후 3:18). 모세는 자신의 얼굴이 빛나는 것을 몰랐으나 다른 사람들은 보았다! 모세는 변화되고 있었던 것이다.

하나님이 우리에게 하나님을 알 것과 예배할 것을 명령하시는 이유는 우리가 하나님을 섬기고 영화롭게 할 때 누릴 수 있는 기쁨의 특권을 맛보기 원하시기 때문이다. 우리에게 예배하라고 명령하시는 것은 천상의 존재가 자존심을 세우려 하시는 것이 아니다. 왜냐하면 우리에게는 하나님께 드릴 수 있는 것이 아무것도 없기 때문이다. 하나님이 말씀하셨다. "내가 가령 주려도 네게 이르지 아니할 것은 세계와 거기에 충만한 것이 내 것임이로다"(시 50:12). 하나님이 예배하라고 명령하신 이유는 하나님을 예배할 필요가 우리에게 있기 때문이다. 하나님 앞에 자신을 겸손히 낮추고, 하나님을 경외하고 감사 드리며, 영으로 하나님을 찬양하는 것은 평범한 그리스도인의 삶에서 균형 잡힌 성장에 필수적인 것이다. 천국은 예배하는 장소이다(계 4-5장 참고). 그래서 우리는 바로 지금 하나님을 올바로 예배하는 것을 시작해야 한다. 우리가 하나님에 대한 지식과 하나님의 놀라우신 은혜를 경험하는 일에서 성장하지 않는다면 우리의 예배와 섬김은 결코 깊어지지 못할 것이다.

구원, 예배, 개인적인 변화 그리고 사랑의 섬김은 현재에서 확인되어야 하는 일들이며, 그것을 가능하게 하시는 분은 우리의 주님과 구세주이시다. "우리의 사귐은 아버지와 그의 아들 예수 그리스도와 더불어 누림이라"(요일 1:3).

준비

모세는 애굽에서 40년을 지내며 "애굽 사람의 모든 지혜"를 배웠다(행 7:22). 그리고 목숨을 구하기 위해 미디안 광야로 가 그곳에서 목동으로 일하며 또 40년을 보냈다. 박사 학위를 가진 똑똑한 인재가 어리석은 동물들이나 치면서 산다고 상상해보라! 하지만 하나님은 모세를 들어서 이스라엘의 구원자로 삼으시기 전에 먼저 그를 낮추셔야만 했다. 오늘날의 교회와 마찬가지로 이스라엘 백성들은 한 무리의 양 떼와 같았다(시 77:20, 78:52, 행 20:28). 그리고 그런 백성들에게는 하나님을 따르며 그분의 백성들을 잘 돌볼 사랑하는 목자가 필요했다. 하나님은 40년의 충성된 섬김을 위해 모세를 훈련시키시는 데 80년을 보내셨던 것이다. 하나님은 서두르지 않으신다.

모세의 부르심은 그의 호기심에서 시작되었다. 그는 불이 붙었으나 타지 않는 떨기나무가 보이자 자세히 알아보려고 가던 길을 멈추어 섰다. "호기심이란 열정적인 지성인이 지닌 영원하고도 분명한 특징 가운데 하나"라고 영국의 수필가 새뮤얼 존슨(Samuel Johnson)이 말했다. 모세가 딱 그 경우였다. 자신이 설명할 수 없는 무언가를 보았고, 아브라함과 이삭과 야곱의 하나님이 그 타는 나무 안에 거하고 계신 것을 발견한 것이다(신 33:16). 하나님이 모세에게 찾아오신 것이다.

그 나무가 모세에게 의미한 것은 무엇이었으며, 오늘날 우리에게 주는 의미는 무엇일까? 첫째는 하나님의 거룩하심이다. 성경을 보면 불은 하나님의 거룩한 성품과 연관되어 있다. 이사야는 하나님을 "삼키는 불"과 "영영히 타는 것"으로 묘사했다(사 33:14, 참고 히 12:29). 모세가 이 타는 떨기나무를 본 곳은 호렙 산, 즉 시내 산이었으며(출 3:1, 행 7:30-34), 하나님이 시내 산에서 모세에게 계명을 주셨을 때도 산 위에 맹렬한 불이 있었다(출 24:15-18).

하나님의 거룩하신 성품에 우리는 어떻게 반응해야 하는가? 우리 자신을 겸손히 낮추며 하나님의 명령에 순종해야 한다(사 6장 참고). 테오도어 에프(Theodore Epp)는 이렇게 적고 있다. "모세는 하나님을 섬기는 자가 갖추어야 할 필수적인 자세가 신을 벗고 얼굴을 가리는 것임을 즉각 알았다."[2] 오늘날 값비싼 옷을 입고 자신의 이름과 얼굴을 환호하는 대중 앞에 잘 드러내기 위해 애쓰는 '유명 인사들'의 모습과 얼마나 다른가. 하나님은 모세가 애굽에서 배운 지식에 감명받지 않으셨다. "하나님은 지혜 있는 자들로 하여금 자기 꾀에 빠지게 하시는 이라"(고전 3:19). 하나님은 우리에게 이렇게 명하신다. "그러므로 하나님의 능하신 손 아래에서 겸손하라 때가 되면 너희를 높이시리라"(벧전 5:6). 탕자 아들이 회개하고 돌아오자 아버지는 그의 발에 신을 신겼다(눅 15:22). 이것은 믿는 자들이 주께 겸손히 무릎 꿇을 때면 스스로 신발을 벗고 예수 그리스도의 종이 되어야 한다는 뜻이다.

그 타는 나무는 또한 하나님의 은혜를 의미한다. 하나님이 이스라엘의 구원이라는 복된 소식을 전하러 이 땅으로 내려오셨기 때문이다. 하나님은 모세의 이름을 알고 계셨으며, 직접 모세에게 말씀하셨다(출 3:4, 요 10:3). 하나님은 애굽에서 유대 백성이 겪는 참상을 보셨고, 고통 속에서 부르짖으며 도움을 구하는 기도를 들으셨다. "내가 그 근심을 알았다." 하나님이 말씀하셨다. "내가 내려가서 그들을 애굽인의 손에서 건져내겠다"(출 3:7-8). 하나님은 당신이 아브라함과 이삭과 야곱과 한 언약을 기억하셨고, 그 언약을 존중하셨으며, 당신의 백성을 구원하실 때가 왔다고 말씀하셨다.

하나님이 모세를 택하셔서 그분의 종으로 삼으신 것은 은혜였다. 하나님은 백성들이 모세의 리더십을 따르지 않았던 사실을 포함해 그가 애굽에서 겪었던 과거의 실패들을 개의치 않으셨다(출 2:11-15). 애굽을 떠나온 지 40년이 지났고 모세는 이제 노쇠했지만, 그런 점들은 하나님이 모세를 사용하시는 데 아무런 방해가 되지 않았다. 하나님은 어떻게 하면 세상의 약하고 미련하며 멸시받는 자들을 택하셔서 지혜 있고 강한 자들을 부끄럽게 하시며, 있는 자들을 궁극적으로 폐하실 수 있는지를 아신다(고전 1:26-31). 모세가 애굽에서 하나님의 이름을 높였을 때 하나님은 큰 영광을 받으셨다.

증명

모세가 애굽에서 사명을 감당하려면 하나님의 이름을 알아야만 했다. 왜냐하면 이스라엘 백성들은 분명히 이렇게 물을 것이기 때문이었다. "누가 당신에게 우리와 바로에게 명령하는 권위를 주었는가." 모세의 질문에 하나님은 이렇게 답하셨다. "나는 스스로 있는 자이니라(I AM WHO I AM)." 그리고 모세는 이스라엘 백성들에게 그렇게 말했다. "스스로 있는 자가 나를 너희에게 보내셨다"(출 3:14).

"스스로 있는 자(I AM)"라는 이름은 히브리어 YHWH에서 왔다. 이 거룩한 이름을 발음하기 위해 유대인들은 주님을 뜻하는 아도나이(Adonai)에서 따온 모음들을 사용해 YHWH를 야훼(Yahweh, 번역하면 주님)라는 단어로 만들었다. 그 이름은 절대적 존재, 스스로 계신 그 역동적 존재가 우리를 위해 일하신다는 개념을 지닌다. 그 의미는 "나는 바로 나 자신이며 변하지 않는 존재이다. 나는 여기에 너와 함께 너를 위해 있다"라는 뜻을 갖는다.

야훼(여호와, 주)라는 이름은 셋(창 4:26)과 아브라함(창 14:22, 15:1), 이삭(창 25:21-22)과 야곱(창 28:13, 49:18)의 시대에 알려졌다. 그러나 그 이름의 온전한 의미는 그때만 해도 제대로 알려지지 않았다. 모세의 율법은 유대인들에게 이렇게 경고한다. "너는 네 하나님 여호와의 이름을 망령되게 부르지 말라 여호와는 그의 이름을 망령되게 부르는 자를 죄 없다 하지 아니하리라"(출 20:7, 참고 신 28:58). 이 거룩한 심판에 대한 두려움으로 유대인들은 거룩한 이름인 야훼를 사용하지 않으려 했고, 대신에 아도나이(주님)라는 단어를 사용했던 것이다.

구약의 아홉 군데에서 하나님은 당신의 거룩한 성품과 당신의 백성들을 향한 은혜의 역사를 계시하시기 위해 그 이름의 의미를 다음과 같이 완성하신다.

- 여호와 이레(Yahweh-Jireh): 공급하시는 하나님 혹은 예비하시는 하나님(창 22:14)

- 여호와 라파(Yahweh-Rophe): 치료하시는 하나님(출 15:26)

- 여호와 닛시(Yahweh-Nissi): 하나님은 우리의 깃발(출 17:15)

- 여호와 메카데쉬(Yahweh-M'Kaddesh): 거룩하신 하나님(레 20:8)

- 여호와 샬롬(Yahweh-Shalom): 하나님은 우리의 평강(삿 6:24)

- 여호와 로이(Yahweh-Rohi): 하나님은 나의 목자(시 23:1)

- 여호와 체바오트(Yahweh-Sabaoth): 만군의 하나님(시 46:7)

- 여호와 치드케누(Yahweh-Tsidkenu): 하나님은 우리의 공의(렘 23:6)

- 여호와 삼마(Yahweh-Shammah): 거기에 계신 하나님(겔 48:35)

물론, 이 모든 이름은 우리의 구세주이자 주님 되시는 예수 그리스도를 가리키는 것이기도 하다. 예수님은 여호와 이레가 되심으로 우리의 모든 필요를 채우시기에 우리는 염려할 필요가 없다(마 6:25-34, 빌 4:19). 여호와 라파 되신 예수님은 우리를 치유하실 수 있으며, 여호와 닛시이신 예수님은 전쟁에서 우리를 도우시며 우리의 적을 무찔러주신다. 우리는 여호와 메카데쉬에게 속한 자들로 예수님은 자신을 위해 우리를 구별해주신다(고전 6:11). 여호와 샬롬의 예수님은 삶의 폭풍 가운데서 우리에게 평강을 주신다(사 26:3, 빌 4:9). 하나님의 모든 약속은 예수 그리스도 안에서 성취된다(고후 1:20).

여호와 로이의 예수님은 시편 23편과 요한복음 10장의 말씀대로 우리에게 목자를 따를 수 있도록 힘을 주신다. 하늘과 땅의 모든 군대가 여호와 체바오트의 명령 아래 있으니 우리는 두려울 것이 없다(수 5:13-15, 계 19:11-21). 우리는 여호와 치드케누를 의뢰했기에 하나님의 의로 우심을 우리 것이라 칭할 수 있었고(고후 5:21), 우리의 죄악들을 더 이상 기억하지 않아도 되는 것이다(히 10:17). 예수님은 여호와 삼마로서 "우리와 함께 하시는" 하나님이시며(마 1:23), 세상 끝날까지 언제나 함께 계실 것이다(마 28:20). "내가 결코 너희를 버리지 아니하고 너희를 떠나지 아니하리라"는 말씀은 여전히 우리에게 보장되는 말씀이다(히 13:5).

성육신하신 예수님은 이 땅에 불타는 떨기나무로 오신 것이 아니라 "연한 순 같고 마른 땅에서 나온 뿌리"로 오셨다(사 53:1-2, 참고 빌 2:5-11). 우리를 위해 사람이 되신 것이다. 그리고 우리를 위해 죽기까지 복종하셨으며 우리의 죄를 감당하셨다(고후 5:21). 예수님은 우리를 위해 저주를 받으셨고, 하나님의 법을 어긴 우리를 대신해 십자가에서 율법의 저주를 짊어지셨다(갈 3:13-14). 그리고 언젠가 "우리가 그와 같을 줄을 아는 것은 그의 참모습 그대로 볼 것이기 때문"이다(요일 3:2)!

하나님의 이름은 무엇인가?

그분의 이름은 '스스로 있는 자(I AM)'이다. 그리고 그것은 또한 하나님의 아들 예수 그리스도, 우리 주님의 이름인 것이다!

02

사도 요한의 대답:
예수님은 하나님이시다

사복음서 저자 가운데 '스스로 있는 자(I AM)'에 관한 내용을 기술했을 제자는 마태라고 생각하기 쉽다. 왜냐하면 마태는 특별히 유대인들을 위해 복음서를 썼기 때문이다. 그러나 성령이 택하셔서 우리에게 이 진리를 나누도록 한 사도는 제자 요한이었다. 어째서 요한일까? 왜냐하면 요한은 자신의 복음서를 예수 그리스도야말로 스스로 있는 자로서, 그분이 바로 하나님의 아들이심을 증명하기 위해 기술했기 때문이다. "예수께서 제자들 앞에서 이 책에 기록되지 아니한 다른 표적도 많이 행하셨으나 오직 이것을 기록함은 너희로 예수께서 하나님의 아들 그리스도이심을 믿게 하려 함이요 또 너희로 믿고 그 이름을 힘입어 생명을 얻게 하려 함이니라"(요 20:30-31). 요한은 마치 신학자처럼 예수 그리스도의 신성을 증명하기도 했지만, 또 한편으로는 마치 부흥사처럼 독자들이 예수님 안에서 믿음을 갖고 영생을 받으라고 촉구하기도 했다. 그뿐 아니라 요한복음 20장 30-31절에서 자신이 한 간증 이외에 다른 일곱 증인의 간증을 인용함으로써 예수 그리스도가 성자 하나님이심을 확증하고 있다.

- 세례 요한: "내가 보고 그가 하나님의 아들이심을 증언하였노라"(요 1:34).

- 나다나엘: "랍비여 당신은 하나님의 아들이시요"(요 1:49).

- 사마리아인들: "이제 우리가 믿는 것은 네 말로 인함이 아니니 이는 우리가 친히 듣고 그가 참으로 세상의 구주신 줄 앎이라"(요 4:42).

- 베드로: "주는 하나님의 거룩하신 자이신 줄 믿고 알았사옵나이다" (요 6:69).

- 고침받은 눈먼 걸인: "이르되 주여 내가 믿나이다 하고 절하는지라" (요 9:38).

- 마리아와 나사로의 여형제 마르다: "주여 그러하외다 주는 그리스도시요 세상에 오시는 하나님의 아들이신 줄 내가 믿나이다"(요 11:27).

- 사도 도마: "도마가 대답하여 이르되 나의 주님이시요 나의 하나님이시니이다"(요 20:28).

"나는 스스로 있는 자"라는 말씀과 함께 예수님 자신이 하나님으로부터 보내심을 받은 하나님의 아들이시라는 사실을 선포하셨다. 요한복음 5장 24-27절과 10장 22-39절에서 주님이 하신 말씀과 요한복음 17장에 기록된 예수님의 기도를 자세히 읽어보라. 요한복음을 연구하는 학자들은 요한복음 4장 26절, 8장 24절, 28절과 58절, 또한 13장 19절과 18장 5-6절은 모두 "신학적으로 부족함이 없으며", 스스로 있는 자로서의 예수님의 신성을 확증한다고 믿는다. 사마리아 여인에게 예수님은 "네게 말하는 내가 그라"고 말씀하셨다. 믿지 않는 유대인들에게 예수님은 "너희가 만일 내가 그인 줄 믿지 아니하면 너희 죄 가운데서 죽으리라"고 경고하셨다(요 8:24 참고).

요한복음의 핵심 단어 가운데 하나는 생명으로, 최소한 36번 나온다. 그리고 일곱 번의 "나는 …이다(I AM)"라는 구절은 그리스도 안에서 살아가는 영적인 삶이라는 요한의 주제와 모두 연관되어 있다. 예수님은 자신을 "생명의 떡"(6:35, 48, 51, 58 참고) 그리고 "생명의 빛"(8:12)이라 부르셨다. 말씀을 통해서 우리는 예수님을 '먹고', 그분을 따르며, 이 약속된 생명을 경험할 수 있다. 예수님은 양의 문이시기에 우리는 그 문으로 '들어가며 나오며' 자유와 풍성한 생명을 누린다(10:7-10 참고). 예수님은 선한 목자이시기에 자신의 생명을 주셔서 우리로 하여금 영원한 생명을 얻게 하신다(10:11, 15, 17-18). 예수님은 "나는 부활이요 생명이니"라고 마르다에게 말씀하셨고(11:25-26, 참고 5:24), 제자들에게는 "내가 곧 길이요 진리요 생명이니"라고 말씀하셨다(14:6). 예수님은 "참 포도나무"이시며, 우리는 그 가지다. 예수님이 우리에게 주시는 생명으로 인해 우리는 열매를 맺으며 하나님께 영광을 돌릴 수 있는 것이다(15:1-5).

"나는 …이다"라는 말씀 속에서 예수님은 우리에게 자신이 누구신지, 우리를 위해 어떤 일을 하실 수 있으며, 자신을 통해서 우리가 어떻게 될 수 있을지를 말씀하신다. 우리가 영적으로 굶주리면 예수님은 우리에게 생명의 떡을 주신다. 어둠 속에서 걷고 있는 자에게는 생명의 빛을 허락하신다. 우리가 죽음을 두려워할 필요가 없는 까닭은 예수님이 부활과 생명이시기 때문이다. 우리는 장차 천국에 갈 것을 확신할 수 있을까? 물론이다. 예수님이 "길이요 진리요 생명"이시기 때문이다(요 14:6). 우리가 하나님의 영광을 위해 열매 맺는 삶을 살 수 있을까? 예수님 안에 거하고 그분의 생명을 받는다면 그것은 당연한 결과이다.

위대한 자존자 되시는 예수 그리스도 안에서 우리는 필요한 모든 것을 소유할 수 있다!

03

생명의 떡

썩을 양식을 위하여 일하지 말고 영생하도록 있는 양식을 위하여 하라.
- 요한복음 6:27

너희가 어찌하여 양식이 아닌 것을 위하여 은을 달아 주며 배부르게 하지 못할 것을 위하여 수고하느냐. - 이사야 55:2

하나님의 떡은 하늘에서 내려 세상에 생명을 주는 것이니라. - 요한복음 6:33

나는 생명의 떡이니 내게 오는 자는 결코 주리지 아니할 터이요 나를 믿는 자는 영원히 목마르지 아니하리라. - 요한복음 6:35

진실로 진실로 너희에게 이르노니 믿는 자는 영생을 가졌나니 내가 곧 생명의 떡이니라. - 요한복음 6:47-48

나는 하늘에서 내려온 살아 있는 떡이니 사람이 이 떡을 먹으면 영생

하리라. - 요한복음 6:51

살리는 것은 영이니 육은 무익하니라 내가 너희에게 이른 말은 영이요 생명이라. - 요한복음 6:63

말씀이 육신이 되어 우리 가운데 거하시매 우리가 그의 영광을 보니 아버지의 독생자의 영광이요 은혜와 진리가 충만하더라. - 요한복음 1:14

...

　우리 주님이 직접 행하신 기적 가운데 사복음서 모두에 기록된 것은 단 두 가지로, 예수님의 부활 사건과 오천 명을 먹이신 사건이다(마 14장, 막 6장, 눅 9장, 요 6장). 오천 명을 먹이신 사건에 대해 모든 사복음서는 예수님이 행하신 일만 기록하고 있지만, 예수님이 왜 그렇게 하셨는가에 대해서 기록한 것은 마가복음뿐이다. 마가는 무리를 보신 예수님이 그들을 불쌍히 여기셨다고 적고 있다(막 6:34).
　요한의 기록에서 보면 예수님이 사람들을 긍휼히 여기셨을 때 하신 세 가지 일이 나온다. 배고픈 무리를 먹이셨고(요 6:1-15), 위험에 처한 제자들을 구하셨으며(6:16-24), 이 세상의 굶주린 죄인들에게 생명의 떡을 주셨다(6:25-71). 예수님이 이 기적들을 행하신 까닭은 사람들의 필요를 채워주실 뿐 아니라, 오늘날 잃어버린 세상이 들어야 하는 '생명의 떡'에 관한 깊은 메시지를 전해주시기 위해서였다. 세상이 필요로 하는 것은 바로 예수님이신 것이다. 예수님이 생명의 떡이시다.

무리를 향한 긍휼

많은 사람들이 성경은 후진적인 문화를 지녔던 고대 사람들에 관한 낡은 책이며, 따라서 오늘날 우리에게는 적용되지 않는다고 믿는 심각한 실수를 저지른다. 그러나 대부분의 사람들이 성경을 무시하거나, 성경과 완전히 상관없는 삶을 사는 이유는 성경의 인물들과 그들의 이야기가 오늘날과 엄청나게 다르기 때문이 아니라, 오히려 현대인들과 오늘의 삶과 아주 많이 닮았기 때문이다. 1851년 9월 2일, 헨리 데이빗 소로(Henry David Thoreau)는 자신의 일기장에 이렇게 적고 있다. "고대인들에 대해 알면 알수록 깨닫게 되는 것은 그들이 오늘날 우리의 모습과 많이 닮았다는 사실이다." 우리가 배우고자 하는 진지한 열망을 가지고 성경을 읽으면 각 페이지마다 바로 우리 자신이 있음을 금방 알게 되고, 우리의 있는 그대로의 모습을 보게 된다. 하지만 그것이 언제나 즐거운 경험은 아니다.

어느 주일날 나는 한 교회의 초청을 받아 설교를 했는데 예배 후에 낯선 남자가 다가오더니 이렇게 말하는 것이었다. "도대체 누가 목사님께 저에 대해 말한 겁니까?"

"죄송하지만" 내가 대답했다. "저는 성도님을 알지도 못합니다. 어느 누구도 성도님이나 이 교회 성도들에 관해 제게 이야기해준 적이 없습니다. 저는 잠시 방문한 손님에 불과한 걸요."

"하지만 누군가 무슨 이야기를 목사님께 한 것이 틀림없어요." 그는 이렇게 말하고는 돌아서서 화난 모습으로 걸어가버렸다. 그 사람은 성경에서 자기 자신을 만났고, 말씀의 거울을 통해 자신의 더러운 얼굴을 보았으며, 그것을 잊으려고 애를 썼던 것이다(약 1:22-24).

예수님을 따랐던 무리들을 생각하면 할수록 그들이 오늘날의 우리와 얼마나 비슷한지 깨닫게 된다. 축구 경기를 응원하는 팬이건, 록 콘서트의 십대이건, 쇼핑몰의 고객이건 군중은 군중이고, 사람들은 사람들인 것이다. 갈릴리 호수의 동쪽 해변에서 예수님이 먹이신 사람들은 당신과 나와 같은 사람들이었으며, 오늘날 우리가 속한 '군중'과 같은 사람들이다.

그들은 굶주린 상태였다. 배고픔이란 음식과 물이 없으면 죽을 수밖에 없는 우리에게 음식을 먹어야 산다는 사실을 상기시켜주기 위해 하나님이 인체에 주신 기능이다. 하지만 인간의 마음에는 하나님과 하나님이 우리에게 주시는 은혜의 선물이 아닌 다른 것으로는 결코 채워질 수 없는 보다 깊은 영적인 굶주림이 존재한다. 어거스틴(Augustine)은 이렇게 고백했다. "하나님은 우리를 하나님을 위해 살도록 창조하셨다. 그러므로 하나님 안에서 안식을 누리기 전까지 우리의 마음은 평안할 수 없다."

대부분의 사람들이 자신들의 가장 깊은 굶주림을 채워주실 수 있는 유일한 분인 하나님을 무시한 채 일시적이고 결코 기쁨을 줄 수 없는 대용물에 돈을 쓰고 있다는 사실은 얼마나 비극인가. "어째서 양식이 아닌 것에 돈을 쓰며, 왜 배부르게 하지 못할 것을 위해 수고를 하는가?" 이사야 선지자가 이렇게 물었다. 잠은 살 수 있으나 평안은 살 수 없으며, 유흥은 살 수 있으나 기쁨은 살 수 없으며, 명성은 살 수 있으나 성품은 살 수 없다. "인간의 모든 불행은 딱 한 가지에서 나온다"라고 프랑스의 철학자 파스칼이 말했다. "그것은 바로 자신의 방 안에 스스로 조용히 머무를 수가 없기 때문이다"(「팡세」, 2부 단장 139). 우리가 다른 사람들과 잘 지낼 수 없는 이유는 자기 자신과 잘 지낼 수 없기 때문이며, 예수 그리스도를 믿는 믿음을 통해서 하나님과 교제를 갖기 전에는 결코 자기 자신과 화목할 수 없다. 소음과 군중으로 가득한 세상 속에서 침묵과 고독은 인간 유희의 적이기에 피해야만 하는 대상이 되었다. 평안을 갖지 못한 사람들은 반드시 군중 속에서 길을 잃을 것이고, 인생의 무게를 피하기 위해 수많은 활동 속에서 바삐 움직일 수밖에 없게 될 것이다.

그들은 구도자였다. 공개적인 반대가 시작되기 전인 예수님의 공생애 첫해 동안 예수님은 엄청나게 인기가 많으셨기에 수많은 군중들이 그분을 따라다녔다. 하지만 그런 군중들은 예수님께 감명을 주지 못했으며, 예수님도 그들에게 자신을 맞추시려고 하지 않았다. 왜냐하면 인간의 마음속에 무엇이 있는지 잘 아셨기 때문이다(요 2:25). 누구라도 군중 속으로 들어가고 그 흐름을 따라가는 것은 쉽다. 그러나 진리를 위해 홀로 서고, 그 진리에 순종하는 것은 용기가 있어야만 가능하다.

사람들은 예수님에게서 영적인 충족을 구하고 있는 것처럼 보였지만 주님은 이미 간파하고 계셨다. 그들 대부분은 기적과 같은 선정적인 일들을 보고 싶어했고, 그들 중 일부는 배불리 먹을 것을 찾고 있었던 것이다(요 6:26). 그로부터 한 세대 후 로마의 풍자 시인인 유베날리스(Juvenal)가 이렇게 기록했다. "로마 사람들은 딱 두 가지만을 갈망했다. 그것은 빵과 서커스였다." 그런 점에서는 유대인 군중들도 마찬가지였고, 오늘날 사람들도 그렇다. 아마도 사도 요한은 그들을 '세속적'이라고 불렀을 것이다. 왜냐하면 그들이 관심을 가졌던 것은 "육신의 정욕과 안목의 정욕과 이생의 자랑"뿐이었기 때문이다(요일 2:16).

오늘날의 군중들처럼 그들은 질문을 던졌지만 주님의 대답은 거부했다. 만일 당신이 정말로 진리를 찾고 있다면 지혜로운 이들에게 질문을 던지는 것은 좋은 일이지만, 한 가지 명심해야 할 것은 반드시 올바른 질문을 할 것과 대답을 들으면 행동으로 옮겨야 한다는 것이다. 진리란 무언가를 세우기 위한 도구이지 가지고 놀기 위한 장난감이 아니다. 예수님이 말씀하셨다. "사람이 하나님의 뜻을 행하려 하면 이 교훈이 하나님께로부터 왔는지 내가 스스로 말함인지 알리라"(요 7:17).

사람들의 첫 번째 질문은 이것이었다. "랍비여 언제 여기 오셨나이까"(6:25). 사람들을 먹이신 후 예수님은 제자들을 배에 태워 가버나움으로 보내시고는 기도하기 위해 남으셨다. 그리고 폭풍을 만난 제자들이 고통 중에 있는 것을 보시고 물 위를 걸어서 그들을 구하러 가셨다. 제자들과 함께 가버나움에 도착하시자 군중들 일부는 먼저 그곳에 도착해 있었다. 그들은 제자들이 배를 타고 떠날 때 예수님이 그 배에 함께 타시지 않았으며, 자신들이 호수를 끼고 걸어서 가버나움까지 올 때 그들과 함께 오신 것도 아니라는 사실을 알았다. 그들이 놀랐던 것은 당연했다!

이어지는 질문들도 그들의 영적인 무지함과 이기적인 욕심을 드러낸다. "우리가 어떻게 하여야 하나님의 일을 하오리이까"(6:28). 예수님은 당신을 믿으라고 대답하셨지만 그들은 그 말씀을 믿는 대신에 표적을 보기 원했다(30-31절). 바로 조금 전에 수천 명의 사람들을 먹이신 예수님께 그들은 하늘로부터 오는 표적을 원했던 것이다. 모세도 하늘에서 떡이 내려오게 하지 않았느냐는 항변과 함께 말이다. 예수님은 바로 당신이 하늘에서 내려온 참 떡이라고 말씀하셨지만, 그들은 즉각 예수님의 주장을 반박했다(32-59절). 사람들은 지금도 질문을 던지고는 자신들이 답이라고 생각하는 대답을 듣기 원한다. 그런 사람들은 한 무명의 성도가 드린 다음의 기도를 따라할 필요가 있다.

> 새로운 진리를 회피하려는 비겁함으로부터
> 절반의 진리에 만족하려는 게으름으로부터
> 모든 진리를 알고 있다고 생각하는 교만함으로부터
> 오 진리의 하나님이시여, 우리를 구원해주소서!

그들은 영적 맹인이었다. 그들은 예수님이 무슨 말씀을 하시는 것인지 도무지 이해할 수가 없었다. 예수님이 하신 말씀은 간단했다. 마치 그들이 음식을 먹으면 그 음식이 그들의 일부가 되어 육신의 생명을 유지하게 되듯이, 그들이 믿음으로 예수님을 받아들이고 영적인 생명, 즉 오직 하나님에게서 오는 영생을 체험해야 하는 것이었다. 그러면 그들은 풍성한 삶을 살게 될 것이었다. 유대인인 그들은 사람의 육신을 먹고 피를 마시는 것은 모세의 율법에 반하는 것으로 알고 있었기 때문에

(창 9:4, 레 3:17, 7:26-27, 17:10-16) 예수님은 그림을 사용해 은유적으로 설명하셨던 것이다. 하지만 사람들은 예수님의 말을 문자적으로 받았고, 전하려 하셨던 메시지의 핵심은 놓치고 말았다. 우리가 앞으로 계속 살펴보면서 알게 될 사실은 영적 진리에 대한 이러한 맹인 된 상태가 요한복음의 중요한 주제 가운데 하나라는 점이다. 오늘날 많은 사람들처럼 예수님 당시의 군중들도 구원은 자신들의 행위로 인한 결과라고 생각했다(요 6:28). 그들은 구원이 그들의 믿음에 대해 하나님이 주시는 선물이라는 사실을 이해할 수 없었던 것이다(엡 2:8-9).

그들은 어떠한 대가 없이 자신들의 문제로부터 즉각 해방되기를 원했다. 삶이 쉽지 않았기에 그들은 자신들의 필요를 쉽게 채워줄 수 있을 것 같은 누군가를 발견하고는 신이 났다. 어쩌면 예수님이 모세가 신명기 18장 17-18절에서 약속했던 바로 그 선지자일지도 모른다고 생각했지만, 그들은 예수님을 자신들의 왕으로 삼기로 작정했다(요 6:14-15). 만일 예수님이 왕이라면 그가 로마를 무찌르고 다시 이스라엘 왕국을 세울 수 있을 것이라고 믿었던 것이다. 오늘날 많은 사람들처럼 그들은 예수님에 대해 '상업적인 태도'를 가지고서 자신들의 개인적인 필요를 채움 받기 원했으나, 예수님이 자신들의 죄를 다루거나 자신들의 마음을 변화시키는 것은 원하지 않았던 것이다! 예수님은 "나는 …이다"라고 말씀하셨지, "나는 너희들이 원하는 대로 되어주는 이다"라고 말씀하시지 않았다. 어떤 사람들은 예수님이 종교 교사로서만 존재하기를 바랄 뿐 자신들의 주님과 구주가 되는 것은 원하지 않는다. 또 어떤 이들은 예수님이 자신들의 사업이 성공하도록 해주셔서 부자가 되기만을 원한다. 그러나 우리는 예수님을 우리 마음에 맞추어 조정해서는 안 된다. 본래의 모습 그대로 영접해야만 한다. 그렇게 하지 않는다면 우리는 예수님을 영접한 것이 아니다.

이스라엘 백성들은 구원받기 위해 구주를 믿는 대신에 무언가 '행하기'를 원했다(요 6:27-29). 이것은 교만과 영적 무지함의 증거이다. 왜냐하면 장성한 유대인이라면 누구나 성경을 잘 알며, 회당에서 신실하게 성경을 읽기 때문에 선행으로 구원받는 사람은 없다는 사실을 잘 알 것이기 때문이다. 모세의 율법에 따른 제사법은 죄인들을 대신해서 죄 없는 것이 죽어야 한다는 사실을 분명히 말하고 있으며, 시편 32편과 51편 그리고 이사야 53장과 같은 구약의 말씀들은 하나님의 은혜의 경이로움을 체험하고 구원을 받기 위해서는 하나님을 믿어야 할 필요가 죄인들에게 있음을 명백하게 가르쳤던 것이다. 하나님이 다른 민족들은 지나치시고 유대인들을 택하셨다는 바로 그 사실이 구원은 행함이 아니라 은혜로 얻는다는 증거이다.

그들에게는 아무런 자격도 없었지만, 그럼에도 불구하고 긍휼하신 예수님은 그들을 먹이셨다. 그들이 조만간 자신을 버릴 것이라는 사실을 잘 알고 계시면서도 말이다. "하나님이 그 해를 악인과 선인에게 비추시며 비를 의로운 자와 불의한 자에게 내려주심이라"(마 5:45). 삶, 바로 그 자체가 하나님이 주신 선물이며, 삶을 지탱하는 수단들도 마찬가지다. 하지만 대부분의 사람들은 그 모두를 당연한 것으로 여긴다. 바울은 아테네의 철학자들에게 하나님이 "만민에게 생명과 호흡과 만물을 친히 주시는" 분이심을 상기시켰다(행 17:25). 아버지가 아들을 "세상의 구주"로 보내셨으며(요일 4:14), 오직 예수님만이 우리에게 생명의 떡을 주시는 분이다. 그러나 우리가 음식을 받아들이는 것처럼 예수님을 우리 안에 받아들이지 않는다면 그분은 우리를 구원하실 수가 없다.

군중들은 질문을 던지는 것에는 익숙하지만 주님이 주시는 답을 진지하게 대하지 않았고, 예수님이 가르치시는 진리를 깊이 묵상하지도 않았다. 이미 예수님은 제자들에게 당신이 행한 기사와 이적을 보고 당신의 가르침을 들었음에도 불구하고 군중들은 믿을 만한 존재가 아님을 경고하셨다. "그들이 보아도 보지 못하며 들어도 듣지 못하며 깨닫지 못함이니라"(마 13:13). 군중들은 땅 위의 왕국을 원했지만, 예수님은 하늘의 새로운 중생을 제시하셨다.

몇 년 전 요한복음 6장을 묵상하던 중 나는 다음과 같은 짧은 시 한 편을 썼다.

> 예수님이 함께 계시면
> 어떠한 문제도 해결하지 못할 만큼 크지 않으며
> 예수님께 네 모든 것을 드리면
> 아무리 작은 선물이라도 결코 작지 않다네.

사도들을 향한 긍휼

오병이어의 기적 후 남은 빵과 물고기를 거두던 사도들은(막 6:30-44) 군중 속에서 몇몇 사람들이 이런 이야기를 주고받는 것을 들었던 것이 분명하다.

"예수야말로 모세가 약속했던 그 선지자일지도 몰라요. 우리가 그를 왕으로 만듭시다. 우리가 돈 한 푼 내지 않고도 얼마나 쉽게 얻어먹고 배부르게 되었는지를 보세요. 어쩌면 그가 로마 사람들까지도 몰아내고 우리에게 자유를 되찾아줄지도 모르잖아요."

물론 이 훈련받지 못한 군중들은 로마에 대항하고 정부를 전복시킬 만한 준비가 전혀 되어 있지 않았다. 무엇보다도 예수님의 계획에도 그런 내용은 없었다. 열두 사도도 종종 왕국에 대한 토론을 벌이곤 했었고, 자기들 중에서 누가 가장 큰 자인지를 놓고 논쟁도 벌였던 터였기에 인기를 등에 업은 반란이야말로 자신들의 생각에 딱 들어맞는 것이었는지도 몰랐다(행 1:6-9 참고). 바로 그래서 예수님은 사도들을 배에 태워 가버나움으로 돌려보내시고 군중들을 해산시키신 후 산으로 기도하러 가셨던 것이다. 심상치 않은 분위기를 파악하신 예수님은 제자들을 보호하셔야만 했던 것이다. 곧 폭풍이 오리라는 것을 아셨지만 사도들이 예수님을 믿지 않고 정치적으로 길들여진 군중들로부터 영향을 받게 두는 것보다는 차라리 폭풍 속으로 보내시는 것이 낫다고 판단하셨다. 열두 제자가 육지에서 영적으로 눈멀고 이기적인 동기에 충만한 사람들과 함께하는 것보다 풍랑이 이는 호수 위의 배 안에 있는 편이 더 안전했던 것이다.

기도하시던 중에도 예수님은 제자들이 탄 배를 주시하셨고, 그들이 위험에 처한 것을 보시자 물 위를 걸어서 곧장 그들에게로 가셨다(이때가 바로 마태복음 14장 25-33절에 나오는 것처럼 베드로가 예수님과 함께 물 위를 걸었던 때이다). 예수님과 베드로가 배로 돌아오자 폭풍은 그쳤고, 그 즉시 배는 가버나움 호숫가에 도착했다. 극적인 기적의 연속이었다! 작은 도시락 한 개를 가지고 오천 명을 먹이셨고, 물 위를 걸으셨으며, 베드로까지 걷게 하셨다. 또한 폭풍을 잠재우신 후 배가 즉각 건너편에 도착하도록 하셨다.

나는 이 일련의 사건들 속에서 오늘날 폭풍우와 같은 위험에 처한 예수 그리스도의 교회를 그려보지 않을 수가 없다. 주인의 명령에 순종하는 중에도 때때로 우리는 폭풍우에 휘말려 오도가도 못하게 될 수 있다. 하지만 우리의 주인이신 그리스도가 하늘에서 우리를 위해 중보하고 계신다. 그분은 가장 최선의 때에 우리에게 오시며, 그 폭풍을 이겨내고 마침내 계획했던 목적지에 도착하도록 도우신다.

어떤 사람들은 예수님을 왕으로 삼기 원했으나, 그분은 원래부터 왕이셨다! "여호와께서 홍수 때에 좌정하셨음이여 여호와께서 영원하도록 왕으로 좌정하시도다 여호와께서 자기 백성에게 힘을 주심이여 여호와께서 자기 백성에게 평강의 복을 주시리로다"(시 29:10-11). "주께서 바다의 파도를 다스리시며 그 파도가 일어날 때에 잔잔하게 하시나이다"(시 89:9). "광풍을 고요하게 하사 물결도 잔잔하게 하시는도다"(시 107:29).

훗날 사도들이 박해의 폭풍을 겪었을 때 그들은 이 특별했던 경험을 떠올리며 위로를 받았을 것이 분명하다. 그들은 요나처럼(욘 1-2장) 하나님께 불순종했기 때문이 아니라, 오히려 순종했기에 폭풍에 갇힌 것이었다. 그래서 이렇게 말할 수 있었다. "주님이 우리를 여기까지 오게 하셨으니 우리를 지켜주실 거야." 예수님이 그들에게 말씀하셨다. "내니…." 그것은 결국 "나는 …이다"라는 말씀이다(요 6:20). 우리가 하나님의 뜻 안에 있으면 예수님이 우리와 함께하시기에 우리는 아무것도 두려워할 필요가 없다.

잃어버린 세상을 향한 긍휼

예수님은 "은혜와 진리가 충만"하시며, "은혜와 진리는 예수 그리스도로 말미암아 온 것이다"(요 1:14, 17). 은혜로우신 예수님은 산 위의 굶주린 군중들을 배불리 먹이셨으며, 가버나움의 회당에서는 표적이 무엇을 의미하는지에 관한 진리를 나누셨다. 예수님은 사람들에게 생명의 떡을 주셨지만, 많은 이들이 그 선물을 거절하고 떠났으며, 예수님을 더 이상 따라다니지 않았다(6:66). 이것이 요한복음에 기록된 세 가지 위기 가운데 첫 번째인데, 이 주제에 관해서는 8장에서 더 자세히 살펴볼 것이다.

비유. 이 말씀에서 예수님은 스스로를 "하늘에서 내려온 떡"(요 6:32, 41, 50, 58), "하나님의 떡"(33절), "생명의 떡"(35, 48절) 그리고 "살아 있는 떡"(51절)이라고 하셨다. 예수님은 영적인 진리를 가르치시려고 우리에게 친숙한 단어인 떡을 사용하셨다. 우리는 떡을 받아서 육신의 생명을 지탱하지만, 믿음으로 예수님을 마음에 영접하면 영생을 얻게 된다. 나중에 예수님은 "피를 마신다"는 말을 사용하셨는데(53-56절), 이 말뜻은 "살을 먹는다"는 표현과 마찬가지로 문자적으로만 해석해서는 안 되는 말이다.

무언가를 '먹다'라는 의미는 동화된다는 것으로 우리의 육체의 일부로 만든다는 뜻이다. 그런 의미를 표현하기 위해 사용된 언어가 바로 '먹다'라는 단어로, 이것은 말 속에 표현된 메시지를 이해하고 받아들이는 과정을 묘사한 것이다. 요즘도 우리는 이런 말을 종종 사용한다. "당신이 방금 한 말을 소화할 시간이 필요해." 혹은 "그 말을 그대로 삼키지는 못하겠어." 아니면 "생각할 간식거리가 되겠군" 등과 같은 말들이다. 또한 목사들은 이런 말을 사용할지도 모르겠다. "우리 교인들은 아직 믿음의 어린아이들이라 내가 숟가락으로 일일이 떠먹여줘야 한답니다." 사업가라면 직원들에게 이런 말을 할 것이다. "자, 이것은 우리가 떡 먹듯 쉽게 해낼 수 있는 작업입니다." 학생이라면 이런 말을 할 것이다. "난 정말로 저 책을 씹어먹었어." 하지만 어느 누구도 그 말들을 표현 그대로 믿지는 않는다.

성경도 비슷한 비유적 언어를 사용해 하나님과 하나님의 진리와 우리와의 관계를 묘사하고 있다. "너희는 여호와의 선하심을 맛보아 알지어다"(시 34:8). "주의 말씀의 맛이 내게 어찌 그리 단지요 내 입에 꿀보다 더 다니이다"(시 119:103). "내가 주의 말씀을 얻어 먹었사오니 주의 말씀은 내게 기쁨과 내 마음의 즐거움이오나"(렘 15:16). "갓난아기들같이 순전하고 신령한 젖을 사모하라 이는 그로 말미암아 너희로 구원에 이르도록 자라게 하려 함이라 너희가 주의 인자하심을 맛보았으면 그리하라(벧전 2:2-3, 참고 히 5:11-14). "사람이 떡으로만 살 것이 아니요 하나님의 입으로부터 나오는 모든 말씀으로 살 것이라"(마 4:4). 선지자 에스겔과 사도 요한도 각각 하나님의 말씀의 두루마리를 먹음으로 하나님의 진리를 선포하라는 명령을 받았다(겔 2:1-3:3, 계 10장).

오해. 비유법에 녹아 있는 보다 깊은 영적인 의미를 분별하지 못하고 군중들은 그 말을 문자적으로 받아서 부정적으로 반응했다. "우리가 어떻게 그의 살을 먹고 그의 피를 마실 수 있단 말인가?" 그들은 그렇게 반문했다. 우리는 요한복음 전반에 걸쳐서 이러한 영적 무지함을 만나게 된다. 예수님이 당신의 죽음과 부활에 대해 말씀하셨을 때도 그들은 예수님이 유대인의 성전을 무너뜨리고 다시 건축하는 것에 대해 이야기하시는 줄로만 알았다(요 2:13-22). 예수님이 죄인들의 '거듭남'에 대해 가르치셨을 때 니고데모는 육신의 출생만을 떠올렸다(3:1-4). 또한 예수님이 사마리아 여인에게 영적인 목마름을 채우는 것에 관해 말씀하셨을 때 그 여인은 우물에서 물을 마심으로써 육신의 목마름을 해소하는 의미로만 여겼다(4:10-15).

심지어는 제자들조차도 예수님이 설명하고자 하신 영적 진리를 모두 이해하지는 못했다(요 4:31-38, 11:11-16, 13:6-11). 사실 오늘날도 종교에 충실한 사람들은 '먹고 마신다'는 은유를 문자적으로 해석하며 예수님이 주의 만찬(성체, 성찬식)을 두고 하신 말씀이라고 생각한다. 하지만 예수님이 전하려 하셨던 것은 분명 그런 의미가 아니었다.

우선, 무엇 때문에 예수님이 성도들을 위한 '식구'들 간의 애찬인 성만찬을 번역하며 불신하는 유대의 군중들과 논하셨겠는가? 자신의 제자들과도 나누지 않으셨던 이야기였는데 말이다! 예수님이 다락방에서 제자들과의 만찬을 나누시기 전까지는 구약성경과 사복음서의 기자들 가운데 어느 누구도 만찬에 참예한 적이 없었다. 그렇다면 그 의미는 그토록 긴긴 세월 동안 아무도 구원을 받지 못했다는 말인가? 우리는 아브라함, 이삭, 야곱, 라합, 다윗, 선지자들, 엘리사벳과 스가랴, 마리아와 요셉 그리고 우물가의 여인까지 모두 다 구원받았다는 사실을 알지만, 그들 중 아무도 주님이 베푸신 성만찬에 참예한 사람은 없었다. 십자가에 달렸던 강도는 빵과 잔을 받은 적이 없었지만, 예수님은 그가 천국에 갈 것이라고 하셨다(눅 23:39-43). 단지 성만찬에 참예하지 못했다는 이유로 전쟁터에서 맞이한 최후의 순간에 그리스도를 믿은 병사, 혹은 병상에서 죽어가는 환자를 예수님이 거절하시겠는가? 그렇지 않다. 예수님은 말씀하셨다. "진실로 진실로 너희에게 이르노니 믿는 자는 영생을 가졌나니"(요 6:47). 예수 그리스도를 믿는 믿음, 오직 믿음만이 죄인들을 구원하는 것이다(엡 2:8-9).

주의 만찬에 관한 바울의 가르침(고전 11:23-32)은 그것이 오직 믿는 자들만을 위한 것임을 분명히 하고 있다. 우리는 죄를 용서받기 위해 성만찬에 참예하는 것이 아니다. 믿는 자들은 주님의 징계를 초래하지 않기 위해서 만찬에 참예하기 전에 자신의 죄를 먼저 고백해야만 한다. 불신자들이 구원을 받기 위해 식탁에 와서는 안 되는 것이 아니라 아예 와서는 안 되는 것이다! 진실한 신자들이 자신들의 죄를 먼저 자백한 후 식탁으로 나아와야 하는 것이다. 왜냐하면 먹고 마시는 것이 그들을 죄에서 정결케 해주지 않기 때문이다. 죄를 정결케 하는 방법은 요한일서 1장 9절에 나와 있는 말씀에 순종하면 된다.

그렇다면 우리는 어떻게 주님의 몸을 '먹고', 주님의 피를 '마실' 수 있을까? 그것은 예수 그리스도를 믿으며 그분의 말씀을 우리의 가슴으로 받음으로써 그렇게 하는 것이다. 예수님이 말씀하셨다. "살리는 것은 영이니 육은 무익하니라 내가 너희에게 이른 말은 영이요 생명이라"(요 6:63). 성육신으로 "말씀이 육신이 되어"(요 1:14), 믿는 자들은 기록된 말씀을 묵상할 때마다 살아 있는 말씀인 예수님을 '먹게' 되는 것이다. 베드로는 그 의미를 깨달았다. 왜냐하면 예수님이 열두 제자에게 그들도 군중과 함께 떠나겠는지를 물으셨을 때 베드로는 예수님이 기대하고 계시던 답을 들려드렸다. "주여 영생의 말씀이 주께 있사오니 우리가 누구에게로 가오리이까 우리가 주는 하나님의 거룩하신 자이신 줄 믿고 알았사옵나이다"(요 6:68-69). 예수님을 믿고 말씀을 받으라!

내가 그리스도를 주님이자 구주로 믿었을 때 성령은 내게 하나님의 말씀에 대한 무한한 식욕을 주셨고, 1945년 이후 지금까지 성경은 내 '영의 양식'이 되었다. 나는 성경을 읽음으로써 주 되신 예수 그리스도를 날마다 '먹는다.' 그래서 욥처럼 말할 수 있다. "정한 음식보다 그의 입의 말씀을 귀히 여겼도다"(욥 23:12). 예수님이 자신에 대한 비유로 한 덩어리의 빵과 같이 흔한 사물을 사용하신 것은 예수님의 겸손함이 얼마나 깊은지를 보여준다. 또한 우리는 예수님 없이는 생명을 영위할 수 없다는 사실도 깨닫게 해주신다. 떡은 한편으로 '생명의 양식'이라고도 불리는데, 그것은 떡이 오랜 세월에 걸쳐 많은 사람들에게 가장 기초가 되는 음식이었기 때문이다. 예수 그리스도는 '생명의 떡'이시며 그분 없이 우리는 영적인 생명, 곧 영생을 소유할 수가 없다.

기적. 예수님을 메시아로 영접하기는커녕 군중들은 예수님과 토론을 벌였다. 그리스도가 오천 명을 먹이신 기적을 하나님이 '하늘의 양식'을 주셨던 모세 시대의 만나의 기적과 다음과 같이 비교했다(출 16장, 참고 시 78:24). 예수님은 딱 한 번 유대인들에게 양식을 주셨지만, 모세는 38년에 걸쳐 매주 엿새 동안 유대인들에게 양식을 제공했다. 게다가 모세는 온 백성을 다 먹였지만, 예수님은 겨우 수천 명만 먹이시는 데 그쳤다. 예수님은 사람들을 먹이기 위해 한 어린아이의 도시락을 빌렸지만, 모세는 하늘로부터 양식을 내리게 했다.

그러나 예수님은 그들의 관점이 완전히 거꾸로 되었음을 지적하셨다! 예수님의 기적은 모세가 행한 어떤 기적보다도 위대한 것이었다. 왜냐하면 모세의 만나는 하늘로부터 생명의 떡이 되어 이 땅에 내려오신 하나님의 아들을 보여주는 모형에 불과했기 때문이다. 회당에서 하신 말씀을 통해 예수님은 모세와 구약 시대의 만나를 생명의 떡인 자신과 비교하셨다. '생명의 떡'이라는 말은 '살아 있는 떡' 혹은 '생명을 주는 떡'을 의미하는 것이었다. 다음의 표는 예수님이 얼마나 위대한 분이시며, 죄인들이 그분을 믿고 영생을 받는 것이 얼마나 중요한 일인지를 보여준다.

구약의 만나	생명의 떡이신 예수님
• 일시적인 육신의 필요를 채움	• 영원한 영적인 필요를 채움
• 육신의 생명만을 유지시킴	• 영원한 생명을 줌
• 이스라엘이라는 한 나라만을 위함	• 모든 세상을 위함(요 6:51)
• 38년간	• 아담으로부터 세상 끝날까지
• 희생이 없음	• 예수님의 죽음이라는 엄청난 대가를 치름
• 육신의 사망만을 연기해줌	• 영적인 사망을 이김
• 하나님이 주신 선물	• 모든 선물을 주시는 분을 하나님이 보내심

　예수님은 자신이 '하늘에서 내려왔음'을 다섯 번이나 강조하셨고(요 6:33, 38, 50, 51, 58), 군중들은 그 말을 두 번 인용했으며(41, 42절), 아버지가 자신을 보내셨음을 예수님은 다섯 번 언급하셨다(29, 38, 39, 44, 57절). 예수님이 하신 열 번의 강조는 하나의 엄청난 진리를 가리키고 있

다. 바로 그분이 하늘에서 내려오신 하나님의 아들이며, 아버지가 보내신 자라는 사실이다. 구약의 만나도 아버지가 보내셨기에 하늘에서 내려온 것이지만 예수 그리스도의 모형에 불과했던 것이다.

우선, 만나는 설명할 수 없는 신비한 물질이었다. 사실 만나(manna)라는 단어 자체가 히브리어의 의문형인 만 후(man hu)로, 그 뜻은 "이것이 무엇이냐"였다(출 16:15 참고). 바울은 예수님을 "경건의 비밀"이라 칭했다(딤전 3:16). 예수님은 마리아가 태어나기도 한참 전이자 영원 전부터 존재하셨던 분이기에 자연 출생에 의해 태어나실 수가 없었다. 성령에 의해 숫처녀 마리아의 몸에 잉태되셨기에(눅 1:26-38), 예수님은 인간이시자 거룩하시며 영원한, 죄 없는 하나님의 아들이셨던 것이다. 우리가 경건의 비밀을 말로 다 설명할 수는 없지만 그로 인해 하나님께 감사 드리며 그 축복에 동참한다!

출애굽기 16장 14절을 보면 만나는 "작고 둥글며 서리 같이 가는 것"이라 묘사되어 있고, 31절은 "깟씨 같이 희고 맛은 꿀 섞은 과자" 같다고 설명하고 있다. '희다'는 것은 정결함을 의미하며 '작다'는 것은 겸손을 뜻하는데, 이 둘은 예수님에 대한 묘사이기도 하다. 하나님이 당신의 백성들이 머무는 곳에 만나를 내려 주셨기에 그들은 만나를 찾아 헤맬 필요가 없었다. 성육신을 통해서 예수님도 우리가 있는 곳에 우리의 모습으로 오셨다. 단지 죄가 없으신 것을 제외하고는 우리와 같이 말이다. 만나가 밤에 내려왔듯이 예수님은 죄로 어두운 세상에 오셨다(마 4:15-16). 만나가 이슬 위에 내렸기 때문에 정결했던 것처럼, 예수님은 이 세상에 오셨으나 이 세상에 속하지 않으셨다. 그것은 성령이 그분을 충만케 하시고, 인도하시며, 능력을 주셨기 때문이다(요 17:13-18, 민 11:9).

38년 동안 이스라엘 백성들은 만나를 먹고 육신의 필요를 충분히 채울 수 있었다. 이스라엘 백성들은 단지 아침 일찍 일어나서("너희는 여호와를 만날 만한 때에 찾으라," 사 55:6), 몸을 굽히고("그러므로 하나님의 능하신 손 아래에서 겸손하라," 벧전 5:6), 하늘의 양식을 줍고, 그것을 그저 먹기만 하면 되었다("너희는 여호와의 선하심을 맛보아 알지어다," 시 34:8). 줍지 않은 만나는 그들이 밟고 다니기도 했다(히 10:29 참고)! 그러나 예수님의 말씀을 들었던 군중들은 생명의 떡에서 돌아섰다. 예수님을 거부한 그들은 자신들을 결코 만족시켜줄 수 없는 떡을 위해 일하고 돈을 쓰러 갔던 것이다. 예수님은 세상을 구원하기 위해 당신의 목숨을 주셨으나(요 6:51) 세상은 그분을 거부했다. 그러나 하나님 아버지는 여전히 당신의 말씀을 사용하시며 아들에게로 죄인들을 이끌어오신다(44-45절). 믿음으로 나아오는 자는(35, 37, 44-45, 65절) 결코 내쫓기지 않을 것이다(37절). 우리의 구주 하나님은 "모든 사람이 구원을 받기를" 원하시며(딤전 2:4) "아무도 멸망하지 아니하고 다 회개하기에 이르기를" 바라고 계신다(벧후 3:9).

가면. 요한복음 6장에 기록된 놀라운 사건들은 예수님이 베드로를 칭찬하시는 것에서 그치지 않고 유다에게 주시는 경고로 끝이 난다(66-71절). 헬라어 원전에서는 이스가리욧(가룟) 유다가 요한복음에만 여덟 번 언급되어 있는데(6:71, 12:4, 13:2, 26, 29, 18:2, 3, 5), 6장의 언급이 그 첫 번째이다. 베드로가 예수님을 향한 자신의 충성을 재확증하는 말을 했을 때 자신과 다른 제자 모두를 대표해서 고백한다고 생각했겠지만, 베드로를 포함한 열한 명의 제자는 유다가 거짓말하는 자였으며 예수님을 배신하고 적에게 넘기리라고는 결코 생각하지 못했다. 물론, 예수님은 미리 알고 계셨기에 유다를 마귀(참소하는 자, 비방하는 자)로 부르셨다. 유다는 예수님과 함께했던 시간 동안 주인을 면밀히 연구했고 그분의 메시지를 경청했으며, 그분의 이적들을 충분히 보았지만, 그럼에도 불구하고 결국 그는 그리스도를 거부하고 배반했던 것이다!

유다가 자신의 종교적인 가면을 대단히 잘 쓰고 있었기에 동료였던 제자들조차도 그가 불신자이며, 속이는 자임을 눈치채지 못했다.

예수 그리스도와 관련한 결단에 있어서 우리에게는 세 가지 선택이 주어진다. (1) 열한 사도처럼 예수님을 믿고 구원을 받는 것. (2) 유다처럼 예수님을 거부하지만 구원받은 척하는 것. 혹은 (3) 무리들이 그랬듯이 공공연히 예수님을 거부하고 돌아서 가는 것이 그것이다. 알곡과 가라지의 비유(마 13:24-30, 36-43)에서 예수님은 진짜 하나님의 자녀들 사이에 유다와 같은 가짜 그리스도인들이 섞여 있지만, 마지막 때가 되면 그 정체가 드러나서 정죄받을 것임을 분명히 말씀하셨다. 사탄은 광명의 천사로 가장할 수 있고, 사탄의 종들도 마찬가지다(고후 11:13-15). 유다는 구원을 잃어버리지 않았다(만일 구원을 잃어버리는 것이 가능하다면). 왜냐하면 그는 처음부터 구원받은 적이 없기 때문이다. 예수님이 가짜 신자들에 관해 경고하신 것(마 7:21-23)과 바울이 다음과 같이 기록한 것은 놀랄 일이 아니다. "너희는 믿음 안에 있는가 너희 자신을 시험하고 너희 자신을 확증하라"(고후 13:5).

오늘날 우리는 실재를 찾아 헤매지만 찾을 수 없는 굶주린 사람들로 가득한 세상 속을 살아가고 있다. 그들은 양식이 아닌 것에 돈을 쓰며, 배부르게 하지 못할 것을 위해 수고한다(사 55:2). 왜일까? 그것은 잔치를 즐기고 있는 우리가 그들에게 생명의 양식인 예수님에 관해 말해주지 않았으며, 그것을 전할 수 있는 자들을 돕지 않았기 때문이다. 언젠가 그들이 우리에게 이렇게 말할 것이다. "내가 주릴 때에 너희가 먹을 것을 주지 아니하였다"(마 25:42). 그리고 우리 주님이 이렇게 말씀하실 것이다. "내가 진실로 너희에게 이르노니 이 지극히 작은 자 하나에게 하지 아니한 것이 곧 내게 하지 아니한 것이니라"(마 25:45).

그때 우리는 뭐라고 대답할 것인가?

04

세상의 빛

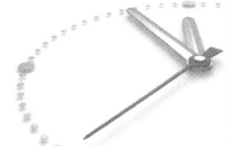

나는 세상의 빛이니 나를 따르는 자는 어둠에 다니지 아니하고 생명의 빛을 얻으리라. - 요한복음 8:12

때가 아직 낮이매 나를 보내신 이의 일을 우리가 하여야 하리라 밤이 오리니 그 때는 아무도 일할 수 없느니라 내가 세상에 있는 동안에는 세상의 빛이로라. - 요한복음 9:4-5

땅이 혼돈하고 공허하며 흑암이 깊음 위에 있고 하나님의 영은 수면 위에 운행하시니라 하나님이 이르시되 빛이 있으라 하시니 빛이 있었고 빛이 하나님이 보시기에 좋았더라 하나님이 빛과 어둠을 나누사 하나님이 빛을 낮이라 부르시고 어둠을 밤이라 부르시니라 저녁이 되고 아침이 되니 이는 첫째 날이니라. - 창세기 1:2-5

어두운 데에 빛이 비치라 말씀하셨던 그 하나님께서 예수 그리스도의 얼굴에 있는 하나님의 영광을 아는 빛을 우리 마음에 비추셨느니라. - 고린도후서 4:6

그 안에 생명이 있었으니 이 생명은 사람들의 빛이라 빛이 어둠에 비치되 어둠이 깨닫지 못하더라. - 요한복음 1:4-5

그 정죄는 이것이니 곧 빛이 세상에 왔으되 사람들이 자기 행위가 악하므로 빛보다 어둠을 더 사랑한 것이니라. - 요한복음 3:19

아직 잠시 동안 빛이 너희 중에 있으니 빛이 있을 동안에 다녀 어둠에 붙잡히지 않게 하라 어둠에 다니는 자는 그 가는 곳을 알지 못하느니라 너희에게 아직 빛이 있을 동안에 빛을 믿으라 그리하면 빛의 아들이 되리라. - 요한복음 12:35-36

...

내가 경험했던 가장 깊은 암흑은 켄터키 주의 매머드 동굴(Mammoth Cave)에서였다. 그곳을 여행 중이었던 우리 일행이 동굴의 깊은 곳에 이르자 가이드가 불이 곧 꺼질 것이라고 일러주었다. 다시 불이 들어오기 전까지는 절대로 움직이지 말라고 했는데 가이드의 명령에 따르지 않을 수 없을 정도로 캄캄했다! 모세가 이집트의 열 번째 재앙을 설명하면서 "더듬을 만한 흑암"(출 10:21-23)이라고 표현한 것이 무슨 뜻인지 처음으로 이해가 되는 순간이었다. 말로 설명하기는 불가능하지만 우리는 어둠을 몸으로 느낄 수 있었고, 불이 다시 들어오자 다들 기뻐했다.

지구 위에 살고 있는 사람들은 낮과 밤의 순서에 대해 아주 익숙하기 때문에 많은 언어들에서 빛과 어둠이 비유적으로 사용되고 있는 것은 그리 놀라운 일이 아니다. 대개 빛은 좋은 것을, 어둠은 나쁜 것을 상징한다. 예를 들면, 어떤 일이 벌어지는지 알지 못할 때 우리는 "암흑 속에 있다(in the dark)"라고 말하며, 어떤 것을 이해할 때 우리는 "밝아졌다(enlightened)"라고도 한다. 성경에서 빛은 하나님을 뜻하며("하나님은 빛이시라", 요일 1:5), 어둠은 죄와 사탄을 의미한다(요 3:19-21, 행 26:18). 죄인들은 "어둠의 일"(롬 13:12)을 행하지만, 하나님의 백성들은 "빛의 자녀들"(엡 5:8-13)처럼 살아야 한다. 예수님은 지옥을 일컬어 "바깥 어두운 데"(마 8:12, 25:30)라 하셨지만, 요한계시록 21장 25절에는 천국에는 밤이 없다고 기록되어 있다. 믿지 않는 자들은 어둠 속에서 길을 잃은 자들이지만(요 12:46), 믿는 자들은 어둠에서 불려 나와 "그의 기이한 빛"에 들어온 자들이다(벧전 2:9).

세례 요한이 등장해 메시아가 오실 것을 알렸을 때 "그가 증언하러 왔으니 곧 빛에 대하여 증언하고 모든 사람이 자기로 말미암아 믿게 하려" 함이었다(요 1:7). 빛이 비치고 있다는 사실을 알려주어야만 알 수 있는 유일한 대상은 눈먼 사람들이다! 많은 사람들이 세례 요한을 믿었고, 자신들의 죄를 회개했으며, 진리에 눈을 떴지만, 이스라엘 종교 지도자들은 여전히 어둠 속에 머물렀다. 그들은 자기들만이 볼 수 있으며 일반 백성들을 무지한 자들이라고 여겼지만, 사실은 그 반대였던 것이다. 일반 백성들은 요한을 믿었고 예수님을 따랐지만 '영적 지도자들'은 하나님의 진리에 저항했다(마 21:23-27). 그들 중 어떤 이들은 예수님을 술에 취했으며, 방탕하고, 귀신에 사로잡힌 자라고까지 했다.

그때와 마찬가지로 오늘날 '계몽된 시대'에도 가장 위험한 어둠은 그리스도를 한 번도 믿지 않은 자들과 그리스도를 안다고 주장하지만 따르지 않는 자들의 생각을 어둡게 하고 마음을 사로잡는 영적 어둠이다. 예수님은 영적 어둠을 걷어내기 위해 오셨지만, 그렇게 하시기 위해 십자가의 어둠과 고통을 견디셔야만 했다. 이사야 선지자는 이렇게 기록하고 있다. "흑암에 행하던 백성이 큰 빛을 보고 사망의 그늘진 땅에 거주하던 자에게 빛이 비치도다"(사 9:2, 참고 마 4:15-16).

'빛의 자녀들'로 살아가기 위해서는 예수님이 "나는 세상의 빛이라"고 하시면서 나누셨던 그 진리를 이해하고 개인적으로 자신의 삶에 적용해야만 한다. 주님이 하신 이 말씀의 세 가지 측면을 살펴보자.

배경

요한복음 7장에서 9장까지의 배경은 해마다 기념하는 초막절로(요 7:2-3, 14, 37), 유대인들은 유대 달력의 일곱 번째 달에 팔일 동안을 초막절로 지냈는데 우리 달력으로는 구월 중순에서 시월 중순 사이쯤이 된다(레 23:33-44). 초막절은 추수에 대한 기쁨의 감사를 드리는 때이기도 하면서, 자신들의 조상들이 광야에서 방황하며 임시로 초막을 짓고 살았던 시기에 하나님이 돌보아주신 은혜를 기념하는 때이기도 하다. 이 절기가 되면 많은 사람들이 나뭇가지로 집의 지붕 위에 임시 거처를 만들고 거기서 지냈다. 예루살렘은 방문객들로 붐볐고 축제를 즐기려는 사람들로 북적였는데, 노래와 춤, 횃불 행진, 심지어는 여리고 성에서 거둔 이스라엘의 위대한 승리를 재현하기 위해 성벽 주위로 행진하는 사람들도 있었다(수 6장).

그 주간의 이른 아침이 되면 제사장들은 실로암 연못에서 물을 길어다 놋으로 만든 성전 제단의 서쪽에 쏟아부었다. 이러한 예식은 자신들의 조상들이 가나안을 향해 힘든 여정을 가는 동안 하나님이 어떻게 물을 주셨는지 상기시켜주는 것이었다. 또한 그 예식은 이사야의 말을 기억나게 해주었을 것이다. "너희가 기쁨으로 구원의 우물들에서 물을 길으리로다"(사 12:3). 물을 쏟아붓던 마지막 날 예수님은 그 예식을 기회로 삼아 사람들에게 그들의 영적 갈증은 예수님을 믿고 성령의 은사를 받아야 해소될 수 있다고 가르쳐주셨다. "누구든지 목마르거든 내게로 와서 마시라"(요 7:37).

그 주간의 밤에 제사장들은 성전의 여인들의 뜰에서 네 개의 큰 촛대에 불을 밝혔고, 그 불빛은 성의 저편에서도 볼 수 있었다. 그 불은 어둠 가운데서 이스라엘을 인도하셨던 하나님의 불 기둥을 유대인들에게 상기시켜주었다. 또한 그것은 낮 동안 이스라엘을 인도하며 그들의 천막 위에 떠 있었던 하나님의 영광의 구름을 상징하기도 했다(출 13:21-22, 40:34-38, 민 14:14). "여호와는 나의 빛이요 나의 구원이시니"(시 27:1). "주의 말씀은 내 발에 등이요 내 길에 빛이니이다"(시 119:105). "일어나라 빛을 발하라 이는 네 빛이 이르렀고 여호와의 영광이 네 위에 임하였음이니라"(사 60:1). 예수님이 사셨던 시대에 초막절을 기념했던 사람들은 이 말씀들을 떠올렸을까?

성경 말씀을 알았던 사람들은 에스겔 선지자가 예언했던 바벨론에 의해 예루살렘이 멸망하기 전에 하나님의 영광이 예루살렘 성전에서 떠나리라는 말을 기억했을 것이다(겔 9-11장 참고). 사무엘 선지자의 때와 같이 그들도 "영광이 이스라엘에서 떠났다… 이가봇"(삼상 4:21 참고)이라고 말했을 것이다. 제사장들이 초막절의 마지막 날에 불을 끄고 있을 때 어쩌면 예수님은 이렇게 외치셨을지도 모른다. "나는 세상의 빛이라!"

의미

유대인들이 하나님이 명령하신 대로 초막절을 지키는 것은 합당한 일이다. 그러나 비극이었던 점은 그처럼 행사가 많고 즐거운 축제에서 그들에게 복을 주실 수 있는 유일한 분인 하나님의 아들이 무시당하셨다는 사실이다. 예수님은 그들의 주의를 끌기 위해 서서 외치셔야만 했다. 거룩한 진리가 인간들이 만든 전통 때문에 밀려났다. 제사장에게 커다란 촛대에 불을 켜거나 제단에 물을 부으라고 하신 하나님의 명령은 어디에도 없었다. 본질적으로 그런 전통이 특별히 악한 것은 아니었지만, 제사장들과 백성들이 그들의 생각과 마음을 주께로 향하며 자신들의 삶이 변화되는 경험을 하지 않는다면 그러한 전통은 아무짝에도 쓸모 없는 것이다. 이처럼 사람의 전통이 하나님의 말씀을 대체할 때 망상이 현실을 대체하게 된다. 과거의 영광에 사로잡혀서는 결코 현재의 성장을 이룰 수 없는 것이다.

세대를 지나며 내려오는 의미 있는 전통들을 지키는 것은 큰 가치가 있다. 각 나라, 각 도시 그리고 각 가정에는 그러한 전통들이 있다. 영어의 전통(tradition)이라는 단어는 라틴어의 트라디티오(traditio)에서 왔는데 의미는 '넘겨주다'는 뜻이다. 바울이 고린도의 신도들에게 "그 전통을 너희가 지키므로" 칭찬한다고 했을 때(고전 11:2) 그 말뜻은 주의 만찬을 기념하는 방법을 포함해서(23-26절) 자신이 주님으로부터 받은 명령들을 그들에게 신실하게 전달한 것에 대한 언급이었다. 전통 그 자체가 나쁜 것은 아니다. 하지만 전통을 의미 없이 상투적으로 지킴으로써 하나님의 아들을 무시하는 것이 나쁜 것이다. 신학자이자 교회역사학자인 야로슬라프 펠리칸(Jaroslav Pelikan)은 이렇게 말했다. "전통(tradition)은 죽은 신앙을 되살린다. 반면에 전통주의(traditionalism)는 살아 있는 신앙을 죽인다."[1] 바리새인들은 율법의 전통을 지키고 고수하면서 그 전통에 따르지 않는 예수님을 비판했지만, 예수님은 그들의 전통도, 그 전통 속에 있는 율법주의도 거부하셨다(막 7:1-23). 우리가 바리새인들을 지나치게 비판하기에 앞서 오늘날 우리의 교회를 한번 살펴보자. 혹시 우리의 관행이 '살아 있는 신앙을 죽이고' 있지는 않은가. 그러나 성경의 진리, 사랑의 목회와 깊은 영적 경험에서 나온 거룩한 전통이라면 그것은 대단히 소중한 것이기에 남용되어서도 무시되어서도 안 된다.

제사장들이 여인들의 뜰에서 촛대에 불을 끄는 것으로 초막절은 끝이 났지만 예수님은 말씀하셨다. "나는 세상의 빛이니 나를 따르는 자는 어둠에 다니지 아니하고 생명의 빛을 얻으리라"(요 8:12). 예수님은 그들의 전통을 저주하신 것이 아니었다. 단지 그들에게 그 전통이 예수님 자신을 가리켜야 한다는 것을 말씀하셨던 것이다. 그들의 성전에는 불이 있었지만 그들의 생각과 마음에는 영적 어둠이 있었다. 즐거운 종교 축제에도 불구하고 제사장들과 백성들은 죄로 인해 죽어 있었기에 초막절 자체가 그들에게 생명을 주지는 못했다. 그들이 예수님을 믿고 따르기만 했다면 예수님은 생명, 곧 영원한 생명을 주셨을 것이다.

다시 말하면, 그들이 바로 그때 그 시점에서 영원한 축복을 받기를 예수님은 원하셨고, 그것을 주실 수 있는 분은 오직 예수님밖에는 없었다. 하나님이 바로 그날 생명의 생수와 생명의 빛을 그들에게 주려 하셨지만, 유대인들은 오로지 과거에 집착하며 하나님이 자신들의 조상들에게 행하신 일에만 관심이 있었다! "빛"이라는 단어는 메시아를 지칭하는 단어 중 하나이며, 다니엘 2장 22절의 "빛이 그와 함께 있도다"라는 구절에 근거해 유대의 종교 지도자들은 분명히 그 사실을 알고 있었다. 그들은 또한 말라기 4장 2절의 "내 이름을 경외하는 너희에게는 공의로운 해가 떠올라서 치료하는 광선을 비추리니"라는 구절도 알고 있었다. 성전 제단에 물을 붓고, 등을 밝히며, 임시 처소에서 지내는 등 절기를 즐겁게 기념했지만 정작 예수님은 무시했기 때문에, 사실상 그들은 축제를 즐길 진짜 이유를 갖지 못했던 것이다.

예수님은 유대의 백성, 특히 종교 지도자들의 영적 상태가 형편 없다는 것을 아셨다. "그들이 보아도 보지 못하며 들어도 듣지 못하며 깨닫지 못함이니라… 이 백성들의 마음이 완악하여져서 그 귀는 듣기에 둔하고 눈은 감았으니"(마 13:13, 15, 참고 사 6:9-10). 그들은 예수님이 누구신지 몰랐을 뿐만 아니라 알아보려고도 하지 않았다(요 8:25). 자신들의 영적인 아버지는 하나님이며(41절), 자신들의 조상은 아브라함이라고 주장했지만(39절) 사실상 그들의 아비는 마귀였다(44절). 이스라엘은 '더러운' 이방인들보다 더 큰 심판을 면치 못하게 되었는데, 그것은 그들에게 더 많은 빛을 주었음에도 그것을 거절했기 때문이다(39-45절).

유대의 종교 지도자들은 하늘의 해는 볼 수 있었을지 모르지만(요 8:2), 자신들을 구원하려고 하늘로부터 내려오신 하나님의 아들은 알아보지 못했다. 그들은 예수님을 사랑하지도 않았고(42절), 이해하지도 않았으며(43절), 그분을 믿지도 않았고(45절), 높이지도 않았을 뿐만 아니라(49절), 아버지를 진정으로 알지도 못했다(54-55절). 예수님의 말씀에 귀를 기울이며 그분의 말을 믿는 대신 예수님과 논쟁을 벌였고, 결국 예수님을 거부했다. 불신과 불경함의 어둠이 그들을 사로잡고 있었던 것이다.

육신의 세계에서는 해가 '세상의 빛'이지만, 영적인 세계에서는 예수님만이 유일한 빛이시다. 온 은하계의 만물이 해에게 의존하며, 만일 해가 없다면 오직 어둠과 죽음만이 존재할 것이다. 마귀는 광명의 천사로 가장을 하지만(고후 11:13-15), 예수님만이 진정한 빛이 되신다(요 1:9). "하나님은 한 분이시요 또 하나님과 사람 사이에 중보자도 한 분이시니 곧 사람이신 그리스도 예수라"(딤전 2:5). 그리스도를 당신의 구주와 주님으로 영접했다면, 하늘의 천사나 성인이나 땅 위의 어떤 이도 하나님 앞에서 당신을 중보할 필요가 없다. 예수님은 당신의 중보자이자 대언자이시며(요일 2:1-2), 대제사장으로서 하늘 보좌에서 당신을 위해 중보하고 계시기 때문이다(히 4:14-16). 해가 이 땅에 충분한 빛을 공급하는 것처럼 예수님은 교회를 밝히기에 충분한 분이시다.

해는 지구 태양계의 한가운데에 있고 지구는 해를 중심으로 돌듯이, 예수님이 하나님 아버지와 교회와 관계된 모든 것의 중심에 계시기 때문에 우리는 예수님을 중심에 모셔야만 한다. 예수님을 결코 변방에 계시도록 해서는 안 된다. 사도 요한은 땅 위의 일곱 교회 가운데서 예수님을 보았고(계 1:13), 하늘의 "보좌 가운데에 계신" 예수님을 보았다(계 5:6, 7:17). 이 땅에 계셨을 때 예수님은 성전에서 선생들 중에 계셨고(눅

2:46), 그분의 이름으로 모이는 사람들 가운데 함께하실 것을 약속하셨다(마 18:20). 십자가에 달리셨을 때 예수님은 두 강도 사이 가까이에 계셨고, 부활하신 후에는 제자들 가운데에 나타나셨다(눅 24:36, 요 20:19, 26). 이처럼 예수님은 한가운데에 계시는 분이다!

그렇다면 어째서 예수 그리스도는 모든 것의 한가운데에 계시는 분으로 묘사되는 것일까? 그것은 그분이 "친히 만물의 으뜸이 되려" 하심을 우리에게 상기시켜주시려는 것이다(골 1:18). 오늘날 교회들마다 디오드레베처럼 자신이 만사의 으뜸이 되기를 좋아하는 사람들이 있다는 것은 불행한 일이다(요삼 9절).

오랜 순회 목회의 경험을 통해 나는 자신이 으뜸이 되려 하고 자기 방식만을 주장하는 사람들로 인해 분열하거나 결국 망하게 된 교회에서 설교한 적이 여러 번 있다. 이렇게 자기 자신을 내세우는 그리스도인들이 있다는 사실에 놀랄 필요는 없다. 심지어 예수님의 제자들도 자신들 가운데 누가 더 큰지를 놓고 논쟁을 벌이지 않았던가(눅 9:46, 22:24). 그때 예수님은 그들에게 이렇게 경고하셨다. "누구든지 자기를 높이는 자는 낮아지고 누구든지 자기를 낮추는 자는 높아지리라"(마 23:12).

만일 해가 소멸된다면 이 지구상의 생명 또한 소멸하게 될 것이다. 예수님은 '생명의 빛'이시지만 그분을 믿으며 따르는 자들에게만 그러하시다. 물론, 하나님 아버지는 "해를 악인과 선인에게 비추시지만"(마 5:45), 하나님의 아들은 자신을 믿고 순종하는 자들에게만 은혜와 영광을 비추신다. "그가 빛 가운데 계신 것같이 우리도 빛 가운데 행하면 우리가 서로 사귐이 있고 그 아들 예수의 피가 우리를 모든 죄에서 깨끗하게 하실 것이요"(요일 1:7).

우리가 주님과 사귐이 있고, 말씀을 묵상하며, 그분의 명령에 순종하면 하나님이 "예수 그리스도의 얼굴에 있는 하나님의 영광을 아는 빛을 우리 마음에 비추"(고후 4:6)어주신다. 우리는 예수님에 대해 더 많이 알뿐만 아니라 더욱 그리스도를 닮아감으로, "그와 같은 형상으로 변화하여 영광에서 영광에 이르니 곧 주의 영으로 말미암음이니라"(고후 3:18). 우리의 삶에서 가장 중요한 부분은 오직 하나님만이 보시는 부분으로, 바로 날마다 예배드리며 하나님과 보내는 시간이다. 그 특권을 무시하거나 하찮게 여긴다면 우리는 점점 하늘의 빛에서 땅 위의 그림자로 변해갈 것이다.

이스라엘은 "이방의 빛"이 되라고 택함을 받았다(사 42:6, 49:6). 이것은 하나님이 바울과 그의 교회에 주신 특권이었다(행 13:47). 예수님은 유대의 종교 지도자들이 매일 밤마다 절기를 기념하는 등불을 밝히는 것을 지켜보셨지만, 그 불빛은 한 사람도 변화시키지 못했다. 언제나 그랬듯 그들은 눈먼 상태로 있었다. 이사야 42장 6절 말씀을 기억하며 자만이 가득했을지는 모르지만(롬 2:17-24 참고), 그들은 바로 뒤에 나오는 이사야 42장 7절 말씀을 무시하는 우를 범했다. "네가 눈먼 자들의 눈을 밝히며 갇힌 자를 감옥에서 이끌어 내며 흑암에 앉은 자를 감방에서 나오게 하리라."

하지만 요한복음 9장에서 예수님은 바로 그 일을 행하셨다. 예수님은 오늘도 당신의 신실한 종들을 통해서 그 일을 행하고 계신다. 예수님의 본을 보며 우리도 그렇게 할 수 있는 방법은 무엇인지 알아보기로 하자.

삶

제임스 허드슨 테일러(James Hudson Taylor)는 심신이 지치고 병이 나자 요양도 하면서 영적으로 재충전하기 위해 영국 브라이튼에 있는 친구들을 방문했다. 그런데 1865년 6월 25일 친구들과 함께 주일 아침 예배에 참석했던 그는 "하나님의 집에서 기뻐하는 많은 사람들을 보는 것을 견딜 수가 없었다"[2]고 고백했다. 그는 무거운 마음으로 교회에서 나와 해변가로 내려갔다. 그토록 많은 신자들이 그렇게나 기뻐하면서도 기쁨을 잃어버린 양, 특히 중국땅의 잃어버린 영혼을 위해서는 어째서 아무것도 하지 않는 것인지 그는 혼란스러웠다. 그 주일 아침에 허드슨 테일러는 주님의 도우심이 함께한다면 자신이 중국 내륙의 잃어버린 영혼들에게 복음을 전하는 선교사가 되겠다고 결단했다. 이틀 후 그는 10파운드짜리 지폐 한 장을 들고 런던에 있는 카운트 은행에 가서 중국내지선교회(China Inland Mission)라는 명의로 계좌를 개설했다.

허드슨 테일러의 이야기처럼 기독교 역사의 한 편린은 요한복음 8장의 마지막에 기록된 것처럼 예수님이 하신 일을 상기시켜준다. 때는 한 주간 내내 이어진 초막절의 마지막 날이었고, 사람들은 성전에서 절기를 즐기고 있었다. 같은 시간에 그들의 종교 지도자들은 그들 가운데서 계신 자신들의 메시아를 거절했다. 거절 정도에서 그친 것이 아니라, 거의 돌로 치기 직전이었다! 조금의 동요도 없이 예수님은 조용히 성전에서 벗어나셨고, 눈먼 걸인에게 빛을 보게 하심으로써 이사야 42장 7절 말씀에 순종하셨다. "네가 눈먼 자들의 눈을 밝히며 갇힌 자를 감옥에서 이끌어 내며 흑암에 앉은 자를 감방에서 나오게 하리라."

오늘날 우리가 사는 도시의 거리에 예수님이 걸어 다니시는 것은 볼 수 없지만, 그분의 백성들이 예수님을 대신해 빛을 전파하고 있는 것은 볼 수 있다. 하지만 수백만의 사람들이 예수님을 주님으로 따르겠다고 고백하고 있으므로 이 세상은 환한 빛으로 가득해야 함에도, 오히려 세상은 점점 더 어두워지고 있다. 예수님은 자신을 따를 때 우리는 어둠이 아니라 빛 가운데로 걷게 될 것이며, 주님의 빛이 우리에게 생명을 주실 것이라고 약속하셨다. 더구나 우리는 이 어두운 세상 속에서 빛이 되어 다른 사람들도 진정한 빛을 찾도록 도와주어야만 한다. "너희는 세상의 빛이라." 예수님이 말씀하셨다. "산 위에 있는 동네가 숨겨지지 못할 것이요 사람이 등불을 켜서 말 아래에 두지 아니하고 등경 위에 두나니 이러므로 집 안 모든 사람에게 비치느니라 이같이 너희 빛이 사람 앞에 비치게 하여 그들로 너희 착한 행실을 보고 하늘에 계신 너희 아버지께 영광을 돌리게 하라"(마 5:14-16). 바울은 그 말을 이렇게 되새겼다. "너희가 전에는 어둠이더니 이제는 주 안에서 빛이라 빛의 자녀들처럼 행하라"(엡 5:8).

성전에서 축제를 즐기던 사람들은 예수님을 감동시키지 못했으며, 예수님을 죽이려 했던 성난 종교 지도자들도 예수님을 방해하지 못했다. 예수님은 군중들로부터 외따로 떨어진 채 간절히 도움을 청하던 한 사람을 도와주셨다. 영적으로 눈먼 사람들을 떠나서 육신이 눈먼 사람을 고쳐주러 가셨던 것이다. 우리 주님은 당신을 거절했던 종교 지도자들을 떠나서서 당신에게 순종하고 마침내 경배를 드렸던 한 불쌍한 사람을 돌보아주셨다. 예수님이 군중에게서 멀어지신 후에 한 개인을 위해 사역을 하신 기록은 한두 번이 아니다. 오늘날 오로지 교인 수로만 사역의 성패를 가늠하는 신자들에게는 이해되지 않는 목회 방식일 것이다.

　우리가 다른 사람들을 어떻게 보고 있는가에 따라 우리가 그들을 얼마만큼 도울 수 있는지가 결정된다. 주님의 제자들에게 그 눈먼 걸인은 신학적 논쟁거리는 되었을지언정 도움이 필요한 사람은 아니었다. 어쩌면 그들은 그 걸인이 도움을 받을 만한 자격이 되는지조차 토론했을 것이다. 만일 그의 부모에게 원인이 있다면 그가 눈이 먼 것은 그의 탓이 아니었기 때문이다. 하지만 예수님은 그들의 관점을 완전히 뒤집으시며 그 자신과 그의 필요에만 집중하셨다. 만일 찬송가 '구주를 생각만 해도'를 부르게 되면 그 곡의 작사가인 클레르보의 베르나르(Bernard of Clairvaux)가 한 말을 떠올려보라. "정의는 어떤 일에서 얻을 유익이 무엇인지를 구하지만 긍휼은 오직 필요만을 중요시한다." 제자들은 정의를 원했지만 예수님은 자비를 택하셨다.

　1945년으로 되돌아가서 예수님이 내게 구원받을 자격이 있는지 물으셨다고 해보자. 물론 나는 구원받을 자격이 없다. 그때도 없었고, 그날 이후 단 한 번도 내가 그 자격을 갖추었던 적은 없다! 오직 나는 예수님을 믿기만 했고, 자비하신 예수님은 내가 받아 마땅했던 심판을 내리시지 않았다. 오히려 은혜로우신 예수님은 내가 받을 자격이 없는 것을 주셨다. 구원을 주신 것이다! "그가 우리를 흑암의 권세에서 건져내사 그의 사랑의 아들의 나라로 옮기셨으니 그 아들 안에서 우리가 속량 곧 죄 사함을 얻었도다"(골 1:13-14). 그리스도는 우리의 빛이시기에 우리는 그분을 믿는다. 그리스도는 우리의 대장이시기에 우리는 그분을 따른다. 그리스도는 우리의 생명이시기에 우리는 그분 안에서 자라가며 이 어두운 세상에 그리스도를 밝히 드러낸다.

예수님 당시의 종교 지도자들과 대부분의 사람들은 그분이 누구신지 깨닫지 못했고, 자신들이 순종한다고 외쳤던 성경 말씀에 어두웠다. 예수님은 그들에게 이렇게 말씀하셨다. "너희가 성경에서 영생을 얻는 줄 생각하고 성경을 연구하거니와 이 성경이 곧 내게 대하여 증언하는 것이니라 그러나 너희가 영생을 얻기 위하여 내게 오기를 원하지 아니하는도다"(요 5:39-40). 우리가 예수님을 믿고 따를 때 예수님은 우리가 사물을 본질 그대로 볼 수 있도록 해주신다. 유대인들은 자신들의 성전을 자랑했지만, 예수님은 로마인들이 헤롯의 성전을 무너뜨릴 날이 오리라는 것을 아셨다. 유대인들은 자신들의 위대한 조상인 아브라함을 자랑했지만, 예수님은 육신의 출생으로는 충분하지 못하며 거듭 나야 한다고 말씀하셨다(요 3장). 유대인들과 사마리아 사람들은 하나님이 예배하라고 정하신 곳이 예루살렘인지 그리심 산인지를 놓고 논쟁했지만, 예수님은 예배의 장소가 중요한 것이 아니라 하나님을 "영과 진리로" 예배하는 것이 중요하다고 말씀하셨다(요 4:24). 초막절에 제사장들은 제단에 물을 부었지만, 그 물이 약속하신 성령을 의미한다는 사실은 깨닫지 못했다(요 7:37-39).

다윗은 시편에서 이것을 아름답게 기록했다. "진실로 생명의 원천이 주께 있사오니 주의 빛 안에서 우리가 빛을 보리이다"(시 36:9). 하나님의 빛이 먼저 그 위에 비칠 때만이 우리는 역사, 과학, 혹은 다른 학문들로부터 빛을 얻을 수 있다. 하나님의 말씀은 빛이며(시 119:105, 130), 하나님의 영은 빛이다(계 4:5). 그렇기에 우리가 성령에 순복하며 말씀 가운데 거하면 하나님이 우리를 가르치신다. 성령의 역사하심이 없다면 성경은 종결된 책이다. 우리가 예수님을 따라 빛 가운데로 걸어가면 이 세상과 이 세상의 위험한 망상들을 있는 그대로 볼 수 있기에 결코 속임을 당하지 않을 것이다. "너희는 거룩하신 자에게서 기름 부음을 받고 모든 것을 아느니라"(요일 2:20).

예수님은 유대인들에게 이렇게 말씀하셨다. "진리를 알지니 진리가 너희를 자유롭게 하리라"(요 8:32). 그러나 그들은 예수님이 하시는 말씀을 이해하지 못했다. 그들은 빛을 거절했기 때문에 예수님이 죄로부터의 영적인 자유를 언급하셨을 때 그들은 예수님이 노예를 위한 정치적인 자유에 대해 말씀하고 있다고 생각했던 것이다.

예수님이 눈먼 걸인을 고쳐주신 방법은 우리가 "빛의 자녀"(살전 5:5)로서 어떻게 하면 하나님의 사랑을 다른 사람들과 나누며, 영적으로 눈먼 사람들의 눈을 뜨게 하는 데 사용될 수 있는지를 명확히 이해할 수 있게 해준다. 첫째, 예수님은 눈먼 자의 눈에 진흙을 바르셨다. 어쩌면 지켜보던 사람들은 이 방법이 좀 잔인하다고 생각했을 수도 있지만 예수님은 당신이 하시는 일을 잘 알고 계셨다. 사실 예수님은 손만 대심으로(마 9:27-31), 혹은 침만 바르심으로(막 8:22-26) 눈을 고치실 수도 있었다. 그러나 진흙을 바르는 수고는 그 남자로 하여금 주님의 말씀에 순종할 수 있도록 도와주려는 것이었다. "실로암 못에 가서 씻으라"(요 9:7). 불신자에게 복음을 증거할 때 우리는 죄에 대해 다루는 것을 빠뜨려서는 안 된다. 사도 요한은 자신의 서신을 읽는 이방인들에게 "실로암"이라는 단어의 의미는 "보냄을 받았다"라는 것임을 설명한다(7절). 그는 아버지로부터 보냄을 받으신 메시아를 가리키기 위해 이 말을 사용하고 있다(참고 3:17, 34, 5:36, 7:29, 8:18, 42, 9:4). 그 걸인은 실로암 연못의 물이 아니라 예수님으로 인해 고침을 받았던 것이다.

바리새인들의 분노를 사게 될 것을 아시면서도 예수님은 일부러 안식일에 그 남자를 고치셨고, 결국 논란에 불을 붙였다. 예수님에게 불리한 증거들을 모으려는 목적에서 종교 지도자들은 그 걸인과 부모를 심문하면서 어떻게 눈을 뜨게 되었는지 네 번이나 물었다(요 9:10, 15, 19, 26). 회당에서 파문을 당하지 않기 위해 부모들은 애매한 답변을 했지만, 고침을 받은 남자는 자신의 간증을 바꾸지 않았다. 오히려 그의 간증은 체험이 뒷받침된 강력한 것이었기에 화가 난 바리새인들은 그를 모욕한 후에 회당에서 쫓아냈다. 유대인들에게 있어서 회당으로부터 파문당하는 것은 공적인 예배와 사회생활의 교제로부터 단절되는 것을 의미하는 것이기에 그것은 큰 대가를 치르게 되는 것이었다. 하지만 그는 평생을 눈먼 걸인으로 사느니 이제 앞을 볼 수 있기에 자신의 삶을 개척해 나가는 편이 훨씬 나을 것이었다. 예수님은 언제나 당신의 양을 돌보신다. 성전에서 눈먼 걸인을 보신 예수님은 그의 영안을 뜨게 하셨으며(엡 1:18), 주님의 양 떼 속으로 그를 부르셨다(요 9:35-38).

예수님이 누구신가에 관한 그의 지식은 다음과 같이 멋지게 성장했다. "예수라 하는 그 사람"(요 9:11)이 그가 예수님에 관해 맨 처음 뱉은 말이었다. 후에 그는 예수님을 가리켜 "선지자"(17절)라고 대답했다. 바리새인들은 예수님이 안식일을 지키지 않았다는 이유로 죄인으로 불렀지만, 그는 예수님을 하나님의 사람(33절)으로 불렀다. 성전에서 예수님이 그를 만나셨을 때 그는 이 "죄인"이 사실은 메시아라는 이름을 가지신 인자시라는 사실을 깨달았기에(35-38절, 참고 단 7:13-14) 예수님께 경배를 드렸다. 언젠가 우리도 천국에서 이 눈뜬 사람을 만나서 구주 예수님이 그에게 하신 일을 직접 듣게 될 것이다.

예수님이 세계("세상의 빛")에서 개인("나를 따르는 자", 요 8:12 참고)으로 관심을 옮기신 것을 깨달았는가? 그것은 예수님이 자신의 제자들의 선한 일을 통해서 세상에 빛을 주시기 때문이다. 허드슨 테일러와 그의 동역자들이 중국을 비추는 불빛이었듯이, 당신과 나도 하나님이 우리를 인도하시는 바로 그곳에서 비추는 불빛이어야 한다. '선한 일'이라는 의미에는 외로운 사람을 방문하고 배고픈 자를 먹이는 것에서부터 무지한 자를 가르치고, 곤경에 처한 자를 도우며, 낙심한 자에게 용기를 주는 등 많은 일들이 포함된다. 그리고 예수님의 복음을 나누고, 예수님이 우리를 사랑하시듯 다른 이들을 사랑하는 것도 항상 포함된다.

오늘날 우리는 각종 조명에 익숙한 나머지 이 땅을 감싸고 있으며, 길을 잃어버린 사람들의 생각과 마음을 가리고 있는 영적 어둠을 잊어버리고 있다. 하지만 가장 큰 비극은 어둠에 갇혀 앞을 보지 못하는 사람들이 스스로 '눈을 밝히 떴다'고 생각하는 것이다. 예수님이 말씀하셨다. "네 몸의 등불은 눈이라 네 눈이 성하면 온 몸이 밝을 것이요 만일 나쁘면 네 몸도 어두우리라 그러므로 네 속에 있는 빛이 어둡지 아니한가 보라"(눅 11:34-35, 참고 요 9:39-41). 우리의 관점은 성품과 행동을 결정하고, 성품과 행동은 삶의 결과를 결정한다. 예수님께 순종하며 세상의 빛을 따라간다는 것은 살아 있는 빛이 된다는 것 그리고 어둠을 향해 우회하는 길로 인도하는 망상을 피한다는 것을 의미한다. 또한 다른 사람들을 주님께 인도함으로 그들 역시 '생명의 빛'을 볼 수 있도록 돕는 사람이 되는 것을 의미한다.

05

문

내가 진실로 진실로 너희에게 이르노니 문을 통하여 양의 우리에 들어가지 아니하고 다른 데로 넘어가는 자는 절도며 강도요 문으로 들어가는 이는 양의 목자라 문지기는 그를 위하여 문을 열고 양은 그의 음성을 듣나니 그가 자기 양의 이름을 각각 불러 인도하여 내느니라… 그러므로 예수께서 다시 이르시되 내가 진실로 진실로 너희에게 말하노니 나는 양의 문이라… 내가 문이니 누구든지 나로 말미암아 들어가면 구원을 받고 또는 들어가며 나오며 꼴을 얻으리라. - 요한복음 10:1-3, 7, 9

이튿날 요한이 예수께서 자기에게 나아오심을 보고 이르되 보라 세상 죄를 지고 가는 하나님의 어린 양이로다… 나도 그를 알지 못하였으나 내가 와서 물로 세례를 베푸는 것은 그를 이스라엘에 나타내려 함이라 하니라. - 요한복음 1:29, 31

∙∙∙

요한복음 10장에는 양의 목자와 양의 우리로 가는 문의 이미지가 하나로 엮여 있는데 그것은 그 둘 모두 예수님을 가리키는 것이기 때문이다. 이 구절은 예수님이 양의 우리로 들어가서 양 떼를 밖으로 인도함과 동시에 예수님이 어떻게 양의 우리로 가는 문이 되실 수 있는지를 설명하고 있다(2-5, 9절). 비유적인 언어에서 이미지들을 섞는 것은 흔한 일이다. 예를 들면 다음과 같다. 예수님 자신이 생명의 떡이며(요 6:35), 동시에 굶주린 죄인들에게 떡을 주시는 분이다. 예수님이 진리를 말씀하시면서(8:45), 동시에 진리가 되신다(14:6). 예수님은 자신을 믿는 죄인들에게 생명을 주시면서(6:50-51), 동시에 그분 자신이 생명이시다(14:6). 예수님 자신이 우리에게 주기 원하시는 모든 영적 축복의 현현이시기 때문이다. "너희도 그 안에서 충만하여졌으니"(골 2:10).

만일 우리가 요한복음 10장을 한 편의 드라마로 만든다면, 각본은 아마 이럴 것이다.

출연 배우

- 감독: 하나님 아버지(요한복음 10장에 13번 언급됨)
- 문이자 선한 목자: 예수 그리스도, 하나님의 아들
- 가짜 목자: 도둑, 강도, 삯꾼, 이방인(예수님을 반대하는 종교 지도자들)
- 양 떼: 진짜 신자들, 유대인들, 이방인들
- 문지기: 세례 요한

시간과 장소

- 요한복음 10:1-21: 초막절 축제와 눈먼 걸인이 고침받은 이후의 예루살렘 성전
- 요한복음 10:22-39: 수전절 기간 중 예루살렘 성전. 요한복음 9장 1절-10장 21절에 기록된 사건들이 있은 후 두 달 반이 지난 시점

1막 요한복음 10:1-10   문이신 예수님
2막 요한복음 10:11-21   선한 목자이신 예수님
3막 요한복음 10:22-39   예수님과 진짜 양 떼

이스라엘 백성들에게 수전절(Hanukkah, 하누카)[1]은 기원전 165년에 있었던 성전 재건축을 기념하는 절기다. 앗수르의 침략자들이 더럽힌 성전을 유대의 제사장들이 다시 봉헌한 것이다. 이 수전절은 8일 동안 이어지며, 성탄절과 비슷한 시기인 12월에 있다. 수전절은 또한 빛의 축제(Festival of Lights)라고도 불린다. 이 절기를 기념하는 유대인의 각 가정마다 '메노라(menorah)'고 하는 여덟 갈래[2]의 특별한 등불이나 촛대가 있는데, 절기 동안 하루에 하나씩 새로운 등이나 촛불을 켜서 마지막 날이면 여덟 개 모두에 불이 켜지게 된다. 이렇게 함으로써 유대인들은 하나님의 진리의 빛이 자신들의 성전으로 되돌아와 백성들이 여호와를 다시 한 번 경배할 수 있게 되었음을 기억한다.

유대인들은 언제나 자신들의 나라를 여호와의 양 떼로 보았고, 자신들은 목자이신 주님의 돌보심을 받는 것으로 믿었다(민 27:15-17, 삼

하 24:17, 시 23:1, 74:1, 77:20, 78:52, 79:13, 80:1, 100:3, 렘 23:1-4, 겔 34장, 마 15:24). 또한 양 떼라는 이미지는 교회에도 적용이 되며(눅 12:32, 행 20:28-29, 롬 8:36, 히 13:20-21, 벧전 5:2-3), 영적 지도자들은 "목사"(엡 4:11)로 불리는데 이 말은 목자를 뜻하는 라틴어에서 유래되었다.

우선 양의 우리에 대한 실제적인 면모들을 살펴보면 예수님이 우리에게 전하고자 하셨던 영적인 교훈들을 더 잘 이해하게 될 것이다. 양의 우리는 양들이 뛰어넘지 못하도록 높게 쌓아올린 돌담이었다. 때로는 목자들이 돌담 위에 가시덤불을 올려놓아 담을 넘으려는 도둑들을 막기도 했다. 돌담에서 뚫린 부분이 양들이 드나드는 출입구였다. 밤이 되면 목자들은 그 뚫린 부분을 가로막고 누워 실제로 양의 우리를 막는 문이 되었다. 때문에 목자가 모르는 사이에 우리 밖으로 나가는 양도, 우리 안으로 들어오는 적도 있을 수가 없었다. 이스라엘 동네마다 외곽에는 공동으로 관리하는 우리가 있어서 목자들은 밤이 되면 자기 양 떼를 그곳으로 몰고 왔다. 아침이 되면 목자는 자신의 양 떼를 불렀고, 양 떼는 목자를 따라서 양의 우리를 나갔다. 양들은 자기 목자의 음성을 알았기에 다른 사람을 따라가는 일은 없었다.

이런 기본적인 사실들을 알면 문이 되시는 예수 그리스도에 대해 더 잘 묵상할 수 있으며, 오늘날 이 진리가 우리에게 무엇을 의미하는지 보다 쉽게 깨달을 수 있다. 다음 장에서 우리는 선한 목자이신 예수 그리스도에 대해 자세히 살펴보기로 하자.

분리를 의미하는 문

우리는 현대적이면서 매력적인 디자인의 문, 심지어는 자동으로 개폐되는 문들에 익숙한 나머지 벽에 뚫린 구멍으로 만든 문에 그리 큰 관심이 가지 않겠지만, 예수님 당시의 목자들에게 그 구멍은 대단히 효율적인 문이었다. 낮에 양 떼들을 풀어놓고 방목하는 동안에는 목자가 위험을 쉽게 감지할 수 있었지만, 밤이면 양 떼들을 안전한 울타리 안에 모아놓고 목자가 문이 되어 지켜야만 했다. 캄캄한 밤에 어둠에서 분리되어 그 문 뒤에 모인 양들이야말로 안전할 수 있었던 것이다.

나는 요한복음 10장 1-10절에는 두 개의 양의 우리가 나온다고 생각한다. 하나는 유대인을 위한 것으로 자신을 믿는 유대인들을 예수님이 인도해내신 양의 우리이고(1-6절), 다른 하나는 모든 신자를 위한 우리로서 예수님이 유대인과 이방인들을 함께 인도하사 들어가게 하신 것으로 예수님은 그들이 그 우리로 자유롭게 드나들게 하시며 새로운 자유의 삶을 맛보게 하셨다(7-10절). 예수님은 성경이 약속한 정확히 그대로 이스라엘의 메시아로 오셨다. 유대인 여자의 후손이자 아브라함의 후손이었으며(창 3:15, 12:3), 처녀의 몸에서 나셨고(사 7:14), 유다의 한 족속으로 베들레헴에서 탄생하셨으며(미 5:2, 창 49:10), 다윗의 가문에서 나셨다(삼하 7:12-13). 겸허한 출생이셨지만 성령의 기름부음을 받으셨다(사 11:1-2). 하나님의 사자(使者)가 그분의 길을 준비했다(사 40:3, 말 3:1). 예수님이 세례 요한에게 세례를 받고 만방에 자신을 나타내시기 위해 요단강가로 오셨을 당시에는 예수님과 관련한 이 모든 사실들이 아마 알려졌을 것이다(요 1:19-34).

예수님은 유대인의 가문에서 태어나셨지만(갈 4:4-5) 이 땅에서 사역하셨던 기간 동안 유대의 양 떼들을 유대교에서 불러내어 기독교의 우리로 인도하셨다. 첫 번째 선교 여행을 떠나기 전 예수님은 제자들에게 이렇게 말씀하셨다. "이방인의 길로도 가지 말고 사마리아인의 고을에도 들어가지 말고 오히려 이스라엘 집의 잃어버린 양에게로 가라"(마 10:5-6). 하지만 예수님은 자신이 이방인들, 즉 "다른 양들" 또한 부르실 것을 분명히 말씀하셨다(요 10:16, 참고 요 11:49-52, 12:32). 지금까지 우리 주님은 그들이 어떠한 우리에 속해 있었건 상관 없이 죄인들을 불러내서서 자신이 "한 목자"가 되시는 "한 무리" 속으로, 그리고 그들이 누리는 자유함 속으로 인도해주셨다(요 10:16). 다음 장에서 선한 목자이신 예수 그리스도에 대해 살펴볼 때 더 자세히 알아보기로 하자.

사람들을 '불러낸다'는 말은 요한복음 9장에 기록된 눈먼 걸인의 경험을 상기시켜준다. 그는 유대인의 우리에서 태어났지만 종교 지도자들은 그가 예수님을 경외했다는 이유로 "쫓아내어 보냈다"(34절). 그를 유대의 회중에서 파문해버린 것이다. 그러나 예수님은 그를 성전에서 보시고 구원의 믿음으로 이끄셨고, 자신의 무리로 인도하셨다. 예수님의 우리에는 다른 주인의 '양 떼'가 아닌, 그분을 믿고 그분의 음성(말씀)을 들으며 어떠한 대가를 치르더라도 그분을 따를 예수님의 양 떼만 있는 것이다.

예를 들어보자. 다소 사람 사울은 "히브리인 중의 히브리인"이었으나(빌 3:5), 예수님은 그를 유대인의 우리에서 불러내셔서 그리스도인의 우리로 인도하셨다. 사도 바울은 예루살렘에서 그리스도의 무리와 함께 "출입하며" 자신의 믿음을 증명했다(행 9:28 참고). 그는 그리스도의 무리에 소속되기 위해 모든 것을 포기했다(빌 3장). 바울은 당시의 유대교 청년 열심당원으로, 말하자면 차세대 유망주였으나(갈 1:13-14), "예수 그리스도의 사도 된 바울"이 되기 위해서 그 모든 것을 가차 없이 버렸다. 그의 이름인 바울은 라틴어로 '작다'는 뜻이다. 바울은 "그는 흥하여야 하겠고 나는 쇠하여야 하리라"(요 3:30)고 외쳤던 세례 요한과 같은 심정이었다.

문은 분리를 가져온다. 문을 사이에 두고 어떤 이들은 문의 바깥에 있고, 어떤 이들은 문의 안에 있게 되는 것이다. "예수로 말미암아 무리 중에서 쟁론이 되니"(요 7:43). "그들 중에 분쟁이 있었더니"(9:16). "이 말씀으로 말미암아 유대인 중에 다시 분쟁이 일어나니"(10:19). 우리 주님이 탄생하셨을 때 천사들은 이 땅에 평화를 선포했으나(눅 2:14), 예수님은 십자가를 향해 다가가시며 제자들에게 이렇게 말씀하셨다. "내가 세상에 화평을 주려고 온 줄로 아느냐 내가 너희에게 이르노니 아니라 도리어 분쟁하게 하려 함이로라 이 후부터 한 집에 다섯 사람이 있어 분쟁하되 셋이 둘과, 둘이 셋과 하리니"(눅 12:51-52). 그리스도를 따르는 사람들은 이 세상에 속하지 않으며, 이 세상 사람들처럼 살지도 않는다. 세상에 속한 사람들에게는 그리스도인들을 미워할 충분한 이유가 되는 것이다(요 16:18-25).

나와 우리 교인들은 그리스도를 따른다는 이유로 가족과 친구들로부터 거부당한 사람들을 위해 얼마나 많이 기도하고 그들의 편이 되어 주었는지 모른다. 이 새로운 신자들은 '낡은 우리'를 용감하게 떠나서 믿음으로 선한 목자의 '한 무리'가 되었다. 그것은 대가를 치른 결단이었지만, 만일 그런 결단을 하지 않았다면 훗날 더 큰 대가를 치러야 했을 것이다! "세상이 너희를 미워하면", 예수님이 말씀하셨다. "너희보다 먼저 나를 미워한 줄을 알라 너희가 세상에 속하였으면 세상이 자기의 것을 사랑할 것이나"(요 15:18-19). 만일 세상이 예수님께 대했던 그대로 우리를 대한다면 그것은 정말로 큰 찬사인 셈이다. 왜냐하면 그것은 우리가 "그리스도의 고난에 참여"하고 있음을 의미하기 때문이다(빌 3:10).

결정을 의미하는 문

오늘날 우리는 진리를 희생해서라도 관용을 추구하는 세상에 살고 있다. 사람들은 이렇게 주장한다. "당신한테 진리인 것이 내게도 진리라는 법은 없잖아요." 하지만 한편으로는 돈, 약, 치수에 대해 이야기를 할 때면 그 말이 적용되지 않음을 알 수 있다. 돈, 약, 치수만큼은 부정할 수 없는 절대성이 있기 때문이다.

만일 한 친구가 당신에게서 10만 원을 빌려갔는데 천 원짜리 열 장을 가지고 와서 갚겠다고 한다면 당신은 그 돈을 받겠는가? 만일 그 친구가 자신이 볼 때는 천 원짜리 지폐가 만 원짜리 지폐와 마찬가지라고 우긴다면 그 말에 동의하겠는가? 혹은, 약사가 당신의 약에 아스피린 대신 살충제를 넣었다고 치자. 그 약을 그대로 삼키겠는가? 만일 목수가 3미터 넓이와 2미터 높이의 책장 대신에 30센티미터 넓이와 20센티미터 높이의 책장을 만들어놓고는 센티미터나 미터가 다 똑같은 수치라고 우긴다면 당신은 그 책장값을 지불하겠는가? 이처럼 우리가 돈, 약, 치수 같은 것에서 절대성을 원한다면 어째서 개인의 도덕과 믿음의 문제에 있어서는 그토록 관대한 것일까?

나는 다른 사람들의 의견에 대해서 관대하려고 노력하지만 그들이 절대적인 것에 대해 부정할 때면 관대할 수가 없다. 진짜가 아닌 말들과 진짜가 아닌 생각들로 모든 사람을 즐겁게 하기 위해 조작하는 것은 대단히 위험한 일이기에 나는 그것을 수용하지 않을 것이다. 베드로후서 2장 1-3절에서 베드로는 "지어낸 말들"로 우리를 농락하려는 거짓 선생들에 대해 경고하고 있다. 여기에 사용된 "지어낸(fabricated)"이라는 단어는 헬라어 플라스토스(plastos)에서 왔는데, 이 말이 바로 영어의 플라스틱(plastic)이라는 단어의 어원이다. '플라스틱 같은 말'이라는 것은 무슨 뜻일까? 그것은 바로 어떤 의미로도 조작이 가능하도록 주조하고 비틀 수 있다는 뜻이다. 거짓 선생들은 기독교 용어를 사용하는 것처럼 보이지만 진정으로 믿음의 말을 하지 않는다! 같은 단어지만 그 의미가 다른 것이다. 그러한 거짓 선생들은 절대적인 것을 믿지 않는다. 그들이 위험한 이유가 바로 그것이다.

우리가 문 되신 예수님께로 올 때 우리는 그분의 말씀을 듣고, 그것을 진리로 받으며, 말씀을 실천해야 한다. 누군가가 "글쎄요, 죄란 무엇을 의미합니까?" 혹은 "천국으로 가는 길은 많지 않나요?"라는 말을 들을 때면 나는 '가짜 말들'의 도사들을 대하고 있음을 안다. 예수님은 하나님 아버지께 이렇게 기도하셨다. "그들(나를 따르는 자들)을 진리로 거룩하게 하옵소서 아버지의 말씀은 진리니이다"(요 17:17). 잠언 23장 23절은 이렇게 경고하고 있다. "진리를 사되 팔지는 말며." 진리는 분명히 존재하며, 가짜 말들이 아무리 많아도 진리를 대체할 수는 없다.

오래전 주일학교에서는 이런 어린이 성가를 부르곤 했다.

문 하나 오직 한 문, 그러나 양쪽이 있네.

안쪽과 바깥쪽? 당신은 어느 쪽에 있나요?
문 하나 오직 한 문, 그러나 양쪽이 있네.
나는 안쪽? 당신은 어느 쪽에 있나요?

문 되신 예수 그리스도 앞에 서서 아무런 결정을 하지 않는 것은 구원의 바깥쪽에 머무는 것이다! 그것은 예수님이 구주이자 선한 목자가 되시는 '한 무리'에 들어가지 않는 것을 의미한다. 문 앞에 선 당신은 결정의 순간에 서 있는 것이다. 아무런 결정을 하지 않는 것 역시 결정을 한 것이다. 물론 그것은 잘못된 결정이다.

구원을 의미하는 문

구원은 인간의 권리가 아니라 하나님이 은혜로 주시는 선물이다. 그러나 요한복음 10장 9절에서 예수님이 하신 말씀을 대하면 토마스 제퍼슨(Thomas Jefferson)이 미국의 독립선언서에서 썼던 구절이 떠오른다.

우리는 다음과 같은 사실을 자명한 진리로 받아들인다. 모든 사람은 평등하게 태어났고, 창조주는 몇 개의 양도할 수 없는 권리를 부여했으며, 그 권리 중에는 생명과 자유와 행복의 추구가 있다.

구원은 생명을 의미한다. 우리 주님의 약속은 이것이다. "누구든지 나로 말미암아 들어가면 구원을 받고"(요 10:9). 우리는 예수님을 흠모하기에 구원을 받는 것이 아니라 우리의 죄를 회개하고, 예수님을 믿으며,

예수님만을 우리의 주님과 구주로 따르기 때문에 구원을 받는다. 요한복음 9장의 걸인은 단지 성전에 갔기 때문이 아니라 성전에서 예수님을 만나 그분께 절하며 "주여 내가 믿나이다"라는 고백을 했기 때문에 구원을 받은 것이다(요 9:35-38).

구원을 받는다는 것은 죄가 용서함을 받고, 하나님의 자녀가 되며, 천국에 대한 확신을 갖는 것을 의미한다. 영원한 생명과 함께(요 3:16-18) "풍성한 삶"(10:10)을 누리는 것을 의미한다. "아들을 믿는 자에게는 영생이 있고 아들에게 순종하지 아니하는 자는 영생을 보지 못하고 도리어 하나님의 진노가 그 위에 머물러 있느니라"(3:36). 어떠한 죄인일지라도 예수 그리스도를 통해서 한 무리 안으로 들어오면 구원을 받을 뿐 아니라 영원히 구원을 받을 것이다. "내 양은 내 음성을 들으며 나는 그들을 알며 그들은 나를 따르느니라 내가 그들에게 영생을 주노니 영원히 멸망하지 아니할 것이요 또 그들을 내 손에서 빼앗을 자가 없느니라"(10:27-28).

구원은 자유를 의미한다. 구원은 우리에게 영원한 생명을 줄 뿐 아니라 자유를 누릴 수 있는 특권도 준다. "그들이 들어가며 나오며…." 예수님은 우리를 낡은 우리에서 인도해내셔서 새 무리로 들어가게 하시며, 예수님 안에서 우리가 얻은 자유로 인해 담장으로 둘러싸인 공동체로 자유로이 드나들게 허락하신다. 예수님이 말씀하셨다. "죄를 범하는 자마다 죄의 종이라… 그러므로 아들이 너희를 자유롭게 하면 너희가 참으로 자유로우리라"(요 8:34, 36). 그리스도인이 누리는 자유란 무엇이든 원하는 대로 하는 권리를 말하는 것이 아니라 그리스도를 따르며 그분을 기쁘시게 하는 것을 행하는 특권을 의미한다. 진정한 자유는 진리에 의해 제어되며 사랑에 의해 움직이는 삶이다.

"들어가며 나오며"에서 주목할 부분은 바로 균형이다. 겁 많고 두려워하는 양은 밤낮으로 우리 안에만 머물면서 목자가 택한 초장을 결코 경험하지 못한다. 그러나 조심성 없고 자신감이 넘치는 양은 밤낮으로 초장에만 머물며 온갖 종류의 위험에 노출되게 마련이다. 우리에게는 초장이 주는 음식, 물, 운동과 아울러 양의 우리가 주는 휴식과 안전이 필요하다. 기도와 묵상도 중요하지만 전도와 봉사도 중요하다. 그런 의미에서 히브리서는 우리에게 "휘장 안에" 들어가서 주님을 경배하고 난 후에 "영문 밖으로" 나가 주님을 위해 일하고 증거하라고 말한다(히 6:19, 13:13). 이처럼 균형을 갖춘 이들은 복이 있다!

양들은 울타리가 없는 초장에서는 자유롭게 돌아다니지만 우리 안에서는 제한을 받는다. 그리스도인의 삶에는 둘 다 필요하다. 삶의 어떤 영역에는 벽과 담장이 필요하다. 만일 우리가 그것을 무시한다면 곧 문제에 부딪히게 될 것이다. 그리스도인의 삶의 어떤 영역은 개방되어 있고 자유로워서 심지어는 사도들 사이에서도 동의가 되지 않을지도 모른다. 바울은 지혜롭게 조언했다. "각각 자기 마음으로 확정할지니라"(롬 14:5). 편견과 전통, 개인의 의견이 아닌 온전한 확신이야말로 성숙함의 표징으로서, 하나님의 말씀에 바탕을 두고 성령의 조명함을 받는 결정들이 바로 그렇다. "형제들아 너희가 자유를 위하여 부르심을 입었으나 그러나 그 자유로 육체의 기회를 삼지 말고 오직 사랑으로 서로 종 노릇 하라"(갈 5:13).

어떤 교회당을 들어가다 보면 입구 위로 "예배로 들어가라"고 쓰인

현판을 보게 된다. 예배를 마친 후 교회당을 걸어 나오는 길에 보이는 현판에는 "섬기러 떠나라"고 적혀 있다. 이 문구들은 우리에게 균형 잡힌 삶을 위해 노력하라고 상기시켜준다. 우리의 열망은 지식과 사랑과 총명으로 균형 잡혀야만 한다(빌 1:9). 교제는 골방과 함께 균형을 갖추어야 하며(마 6:5-6), 개인 기도는 다른 믿는 사람들과 함께하는 공중 기도와 균형을 이루어야 한다.

구원은 행복을 추구하는 것을 의미한다. 말씀에 나오는 "초장"이 복수임을 주목하라. 어쩌면 늙은 양들은 언덕의 능선을 잘 알기에 익숙한 땅에서 풀을 뜯는 것만을 선호할지도 모르고, 반면 어린 양들은 목자의 계획에는 아랑곳없이 새로운 곳으로 돌아다니며 장난치는 것을 좋아할지도 모른다. 둘 다 온전하지 못하다. 목자는 항상 자기 양 떼를 위한 최고의 선택을 알고 있다. "여호와는 나의 목자시니 내게 부족함이 없으리로다 그가 나를 푸른 풀밭에 누이시며 쉴 만한 물 가로 인도하시는도다 내 영혼을 소생시키시고 자기 이름을 위하여 의의 길로 인도하시는도다"(시 23:1-3).

오랜 세월 목자를 따라오면서 깨달은 것은 내게는 하나님의 은혜와 인도하심을 새롭게 발견하는 것 그리고 익숙한 길과 초장을 경험하는 것이 모두 필요하다는 사실이다. 시편 23편 3절에 나오는 "길(paths)"의 히브리어 의미는 '깊은 자국'이라는 뜻이다. 그 길은 대단히 중요하며 필요하기에 수많은 이들이 먼저 그 길을 걸어가면서 우리를 위해 그런 자국들을 만들어놓은 것이다. 예레미야 선지자는 말한다. "너희는 길에 서서 보며 옛적 길 곧 선한 길이 어디인지 알아보고 그리로 가라 너희 심령이 평강을 얻으리라"(렘 6:16).

믿음의 삶의 기초에 대해 솔로몬은 이렇게 말한다. "해 아래에는 새 것이 없나니"(전 1:9). 그러나 우리가 만일 그리스도인으로서 성숙하려 한다면 우리에게는 새로운 도전들이 필요하다. 믿음의 성인들이 경험했던 그런 도전들 말이다. 오래된 길과 새로운 기회는 같이 있다. 주님이 택하신 초장으로 주님을 따라갈 때 시련의 한가운데서도 주님이 주시는 기쁨을 경험하게 될 것이다. 다음 장에서 목자에 대해 공부할 때 이것에 대해 보다 자세히 살펴보게 될 것이다.

삶, 자유 그리고 행복을 추구하는 것은 우리가 목자 되신 주님의 인도하심을 따라 양의 우리로 밤낮으로 들어가며 나올 때 경험할 수 있다.

긍휼을 의미하는 문

저녁이면 양 떼를 우리 안으로 들이면서 문에 선 목자는 시원한 물을 양 떼에게 주었다("내 잔이 넘치나이다", 시 23:5). 그리고 자신의 지팡이 아래로 통과하는 양들을 한 마리씩 살펴보았다. 성실한 목자는 안내자이자 보호자임과 동시에 '의사'로서 자기 양이 멍 들었거나 찢어진 데가 없는지 살펴보고 약을 발라주었다. "기름을 내 머리에 부으셨으니"(5절)라는 구절이 이것을 묘사해준다. 또한 양들이 낮에 몸에 붙이고 온 가시나 덤불을 없애주었다. 다리를 다쳐 저는 양이 있으면 목자는 눈치를 채고 그 원인을 알아내려 했을 것이다. 만일 사라진 양이 있었다면 어땠을까? 목자는 나머지 양이 우리 안에 안전하게 있도록 다른 목자를 대신 문에 세우고는 잃어버린 양을 찾아 나섰을 것이다.

다시 말하면, 목자는 양 한 마리 한 마리의 형편을 살핌과 동시에 전체 양 떼의 형편도 염려했다. 한 마리 양이나 새끼 양도 그에게는 중요했기에 상처에 기름을 발라주었다. 성경에서 기름은 성령을 나타내는 상징 가운데 하나이다(출 30:22-33). 우리의 선한 목자가 우리를 위로하시고 격려하시려 할 때면 성령의 역사하심을 통해서 그렇게 하신다. 왜냐하면 모든 믿는 자들은 성령의 기름 부으심을 받은 자들이기 때문이다(고후 1:21, 요일 2:20, 27). 목자는 성령의 또 다른 상징인 시원한 생수를 모든 양에게 주었다(요 7:37-39).

예수님이 더러운 문둥병자, 로마 군인, 사마리아 여인, 혼란에 빠진 바리새인, 혹은 죽어가는 강도와 같이 각 개인을 위해 언제나 시간을 내어주셨다는 사실은 언제나 나를 감동시킨다. 그런 예수님은 어제도 오늘도 동일하게 우리에게 관심을 갖고 계신다. 그분의 보조 목자들도 예수님의 본을 따라서 각 양들의 필요를 돌볼 필요가 있다. 강단 목회에서 우리는 전체 양 떼를 가르치고 경종을 울리며 격려하지만, 또한 각 양들마다 감추어진 필요를 발견해내고 치유하기 위해서는 개별 목회가 필요하다.

나는 오랜 목회 경험을 통해 거의 모든 교회에는 '문제를 가진 사람들'과 함께 '문제가 되는 사람들'이 있다는 사실을 잘 안다. 개인적인 문제를 지닌 많은 이들은 남들, 그 중에서도 언제나 바쁜 목회자들과 자신의 문제를 나누고 싶어하지 않는 반면에, '정말 문제가 되는 사람들'은 자신들이 감내하고 있는 모든 것을 가능하면 많은 사람들에게 이야기함으로써 관심과 동정을 받고자 한다. 하지만 정작 문제가 해결되면 자신들의 정체성과 아울러 관심을 잃어버리게 될 것을 염려해 그들은 자신들의 문제가 정말로 해결되기를 원하지 않는다! 그들은 이미 여러 차례에 걸쳐 목사를 만나 같은 이야기를 반복해 털어놓았다. 목사는 자신이 정직하게 조언해도 이들을 변화시키지 못할 것을 이미 알고 있다. 왜냐하면 이런 사람들은 자신들이 듣고 싶은 말만 선택해서 듣고 자기 방식대로 해석해버리기 때문이다.

이러한 어려움에도 불구하고 목자들은 자신들의 양 떼에 개인적인 관심을 가지고 문제를 발견하고 해결책을 제시하기 위해 시간을 투자해야만 한다. 목사의 설교가 효과를 발휘할 때는 듣는 이들이 설교자의 태도 속에서 사랑의 관심, 이해하는 마음, 문제 해결을 위한 성경적 방법을 감지할 때다. 에스겔 선지자는 34장 11-16절에서 당시의 이기적인 관리를 빗대어서 말하고 있지만, 그 말씀은 교회의 목자들에게도 완벽하게 적용이 되는 교훈들이다. 하나님은 자신의 목자들이 잃어버린 양 떼를 찾기 원하시며(11절), 위험에서 그들을 구해내기 원하시고(12절), 구속에서 해방시키기 원하시며(13절), 그들을 돌보기 원하신다(13-16절).

우리 교회의 한 남자가 아내와 가족을 버리고 가출을 했는데 아무도 그가 어디에 있는지를 몰랐던 사건이 있었다. 나는 그 남자와 이야기를 할 수 있도록 그를 우연히 만나게 해달라고 주님께 기도드렸다. 그리고 주님은 내 기도를 들어주셨다! 어느 날 식당에 점심을 먹으러 가서 자리를 둘러보는데 그가 앉아 있는 모습이 내 눈에 들어왔다! "배고픈 또 한 사람이 여기에 앉아도 될까요?" 내가 묻자 그는 기꺼이 자기 테이블에 앉으라고 했다. 그로부터 한 시간 후에 우리는 같이 기도하고 있었다. 그 남자는 집으로 돌아가서 모든 것을 바로잡겠다고 약속했으며 실제로 그 약속을 지켰고, 교회로 돌아왔다.

미국의 유능한 설교가인 조지 트루엣(Goerge W. Truett)은 교회를 떠나서 교계의 지도자, 대학의 총장, 순회 부흥사가 되어달라는 청빙을 종종 받곤 했지만 그의 대답은 언제나 다음과 같았다. "기도해봤지만 제게 있는 것은 오직 목자의 마음뿐입니다." 그가 달라스제일침례교회를 47년 간이나 지킬 수 있었던 것은 당연했다!

보호를 의미하는 문

양 우리의 문이 되어 섬기는 동안 목자는 자기 목숨(그리고 어쩌면 몇 마리 양의 목숨)을 걸어야 했다. 이리들은 우리 안에 들어가서 양들을 잡아먹을 수 없었고, 도둑들도 들어가서 양들을 훔쳐낼 수 없었다. 목자가 지팡이와 막대기로 무장한 채 침입자들이 가까이 오지 못하도록 지켰기 때문이다(시 23:4).

주님의 신실한 양 떼들이 있는 곳이라면 어디든지 공격을 할 준비가 되어 있는 적들이 있게 마련이다. 그리고 그 공격은 교회의 바깥에서도 오지만 안으로부터도 온다. 바울은 에베소의 장로들에게 쓴 작별 인사에서 다음과 같이 분명히 적고 있다. 이 구절은 모든 목자가 자신들의 가슴 깊이 새겨야 한다.

> "여러분은 자기를 위하여 또는 온 양 떼를 위하여 삼가라 성령이 그들 가운데 여러분을 감독자로 삼고 하나님이 자기 피로 사신 교회를 보살피게 하셨느니라 내가 떠난 후에 사나운 이리가 여러분에게 들어와

서 그 양 떼를 아끼지 아니하며 또한 여러분 중에서도 제자들을 끌어 자기를 따르게 하려고 어그러진 말을 하는 사람들이 일어날 줄을 내가 아노라 그러므로 여러분이 일깨어 내가 삼 년이나 밤낮 쉬지 않고 눈물로 각 사람을 훈계하던 것을 기억하라"(행 20:28-31).

목자에게 있어서 양들의 안전이야말로 가장 중요한 책임이며, 예수님은 우리에게 그분의 양들은 결코 망하지 않을 것임을 확신시켜주신다(요 10:27-30). "그러므로 자기를 힘입어 하나님께 나아가는 자들을 온전히 구원하실 수 있으니 이는 그가 항상 살아 계셔서 그들을 위하여 간구하심이라"(히 7:25). 예수님이 천국에서 살아계시는 한 우리는 구원을 받으며, "예수님은 영원히 계신다"(24절). 우리의 하늘 대제사장이신 예수님은 "오직 불멸의 생명의 능력을 따라" 오늘날 우리를 보살피신다(16절). 그런 예수님이 당신의 제자들에게 이렇게 말씀하신 것은 당연하다. "내가 살아 있고 너희도 살아 있겠음이라"(요 14:19).

요한복음 10장에 대해 공부하는 다음 장에서 목자에 대해 더 많이 살펴보기로 하자.

06
선한 목자

나는 선한 목자라 선한 목자는 양들을 위하여 목숨을 버리거니와 삯
꾼은 목자가 아니요 양도 제 양이 아니라 이리가 오는 것을 보면 양
을 버리고 달아나나니 이리가 양을 물어 가고 또 헤치느니라 달아나
는 것은 그가 삯꾼인 까닭에 양을 돌보지 아니함이나 나는 선한 목
자라 나는 내 양을 알고 양도 나를 아는 것이 아버지께서 나를 아시
고 내가 아버지를 아는 것 같으니 나는 양을 위하여 목숨을 버리노라
또 이 우리에 들지 아니한 다른 양들이 내게 있어 내가 인도하여야 할
터이니 그들도 내 음성을 듣고 한 무리가 되어 한 목자에게 있으리라.
- 요한복음 10:11-16

내 양은 내 음성을 들으며 나는 그들을 알며 그들은 나를 따르느니
라 내가 그들에게 영생을 주노니 영원히 멸망하지 아니할 것이요 또
그들을 내 손에서 빼앗을 자가 없느니라 그들을 주신 내 아버지는 만
물보다 크시매 아무도 아버지 손에서 빼앗을 수 없느니라 나와 아버
지는 하나이니라 하신대. - 요한복음 10:27-30

여호와는 나의 목자시니 내게 부족함이 없으리로다. - 시편 23:1

여호와가 우리 하나님이신 줄 너희는 알지어다 그는 우리를 지으신 이요 우리는 그의 것이니 그의 백성이요 그의 기르시는 양이로다. - 시편 100:3

우리는 다 양 같아서 그릇 행하여 각기 제 길로 갔거늘 여호와께서는 우리 모두의 죄악을 그에게 담당시키셨도다. - 이사야 53:6

이는 보좌 가운데에 계신 어린 양이 그들의 목자가 되사 생명수 샘으로 인도하시고 하나님께서 그들의 눈에서 모든 눈물을 씻어 주실 것임이라. - 요한계시록 7:17

...

  선한 의도이기는 하지만 어떤 사람들은 성경에 나오는 목자와 양 떼의 이미지를 없애야 한다고 주장하기도 한다. 그러나 만약 그렇게 한다면 우리는 몇 명의 위대한 리더들을 포함해서 자양분이 되는 영적 진리의 상당 부분을 잃어버리게 될 것이다. 그들의 주장은 이렇다. "오늘날 우리 교회의 대부분의 성도들은 도시에 살고 있어서 목자나 양을 한번도 본 적이 없으니까요." 하지만 하나님의 종들이 사람들이 이미 잘 알고 있는 것에만 한정해서 설교하고 가르친다면 우리는 많은 것을 배우지 못할 것이다.

우리 교인들 가운데 어느 누구도 십자가 처형이나 부활을 본 사람은 없다. 그렇기 때문에 만일 그런 내용들을 삭제한다면 우리는 복음을 전할 수가 없다. 그리스도인임을 고백하는 이들 가운데 누가 자신 있게 천사나 기적을 목도했다고, 더 나아가서 예수 그리스도를 보았다고 말할 수 있겠는가? 그러므로 '본 적 없음'이라는 기준으로 하나님의 말씀에 접근하는 것은 말이 안 될 뿐만 아니라 위험하기까지 하다. 모든 성경은 영감으로 기록되었고 유익한 것이며, 거기에는 목자와 양도 포함된다.

바울은 에베소의 장로들에게 권면하면서 목자의 비유를 사용했는데, 에베소는 당시에 큰 도시였다(행 20:28). 사도 요한도 소아시아의 일곱 개의 주요 도시에 있는 교회들에게 서신을 쓰면서 목자, 양 그리고 특별히 어린양(30번 넘게 언급함)이라는 단어들을 사용했다. 그러므로 성경에서 이런 이미지들을 없앤다면 우리는 구세주도, 복음도, 소망도 잃어버리게 될 것이다.

예수님은 당신 자신을 "선한 목자"라고 부르셨는데, 그 이유는 수백 년에 걸쳐서 하나님의 백성들을 착취해온 가짜 목자들과 삯꾼 목자들과는 구별되는 진정한 목자라는 사실을 대조적으로 보여주시기 위함이었다. 실제로는 이리 떼나 강도 떼와 같았음에도 불구하고 그 당시의 왕, 왕자, 총독과 같은 통치자들이 목자라고 불렸던 것이다(사 56:9-12, 겔 34장). 약속된 메시아는 사랑의 목자였고(사 40:9-11, 겔 34:20-24), 예수님이 바로 그 메시아이신 것이다. "선한 목자"에서 "선한"이라는 단어에는 '고상한, 찬양 받기에 합당한, 바람직한, 하나님을 기쁘시게 하는' 이라는 의미가 있고, 우리 예수님은 그 모든 자격을 갖추셨다.

성경에서 양은 다른 어떤 동물들보다도 많이 언급되는데 무려 300번 넘게 등장한다. 사실 양은 무방비 상태의 동물이며 길을 잃어버리는 습성이 있다. (양들은 시력이 좋지 않아서 생각 없이 다른 양들을 따라가는 습성이 있다.) 또한 양은 대단히 고집이 세다. 양들은 예식을 위한 정결한 동물로 종종 제단에 바쳐지기도 했다. 유대인들은 주로 양을 길러서 양털, 양젖, 새끼 양들을 얻었는데 특별한 절기에는 양을 도축하여 잔치 음식으로도 썼다.

긴 세월 동안 목회를 하고 기독교 기관을 섬기면서 나는 세 종류의 '양 떼'를 대상으로 목회를 했고, 세 교회의 회중을 만나는 경험을 했다. 수백 개의 교회에서 설교했으며 세계 각국의 목사들을 위한 상담도 했다. 60년이 넘는 세월 동안 나는 양들을 돌보았으며, 여러 다른 관점에서 그들에 대해 공부해왔다. 그렇게 해서 내린 결론은 양은 선한 목자이신 예수 그리스도를 떠나서는 아무것도 아니라는 사실이다. 선한 목자이신 예수님과 그분의 양 사이에 존재하는 관계에 대해 좀 더 연구해 보기로 하자. 그리고 예수님의 양 떼의 일원으로서 우리 자신의 삶에 이 진리들을 적용해보자.

목자는 양을 소유한다

그리스도의 양은 "자기 양"(요 10:3-4), 또는 "내 양"(14, 26-27절)으로 불리는데 그것은 예수님이 그들을 자신의 양 떼로 선포하시기 때문이다. 양들이 예수님의 소유인 이유는 아버지가 예수님께 양들을 주셨고(29절, 참고 요 17:2, 6, 9, 24), 십자가에 달려 돌아가시면서 예수님이 자신의 목숨으로 양들을 사셨기 때문이다(10:11, 15, 17-18, 참고 13:37-38, 요일 3:16). "사람이 친구를 위하여 자기 목숨을 버리면 이보다 더 큰 사랑이 없나니"(요 15:13). 예수님은 친구가 아닌 자신의 적이었던 반항하는 죄인들을 위해서 자신의 목숨을 버리셨다(롬 5:6-10)! "너희는 너희 자신의 것이 아니라 값으로 산 것이 되었으니"(고전 6:19-20).

우리 주님의 죽음은 요한복음에서 여러 번 언급되었는데 각 구절마다 그 죽음에 대한 무언가 특별한 것들이 드러난다. 예수님의 죽음은 희생적이었다. "보라 세상 죄를 지고 가는 하나님의 어린 양이로다"(1:29). 옛 언약 아래에서는 목자를 위해 양이 죽었지만, 새 언약 아래에서는 양을 위해 목자가 죽었다. 이스라엘의 역사를 통해서 도대체 얼마나 많은 수의 양들이 제단에 바쳐졌는지는 하나님만이 아실 것이다. 그러나 예수님은 단 한 번의 제사로 온 세상의 죄를 대신해 죽으신 것이다. 한 번에 모든 것을 대신한 죽음이었다!

예수님의 죽음은 끔찍했다. 마치 건물이 무너지며 폐허만 남은 것 같은 죽음이었다(요 2:18-22). 십자가형은 사형 방법 가운데서 가장 야만적인 것이었는데 시편 22편 1-21절과 이사야 52장 14절은 예수님이 당신의 양을 위해 치르셔야 했던 대가에 대해 암시를 주고 있다. 마치 장대에 매달린 뱀처럼(민 21:4-9, 요 3:14-15), 예수님은 십자가에 달리셔서 수치스럽게 돌아가셨다. 거룩하신 하나님의 아들이 저주받은 뱀과 동일시된 것을 상상해보라.

하지만 예수님의 죽음은 자발적이었다(요 10:11-18). 스스로 목숨을 내놓으셨다. 당신이라면 양을 구하기 위해 기꺼이 목숨을 내놓겠는가? 고속도로에서 양을 치지 않기 위해 자신의 목숨을 위험에 빠트릴 운전자가 있겠는가? 사람의 목숨은 양의 목숨보다 귀하다. 그러나 예수님은 우리를 위해 죽으실 만큼 우리를 사랑하셨다.

예수님의 죽음은 승리였다(요 12:20-29). 한 알의 씨앗이 땅에 심겨져 아름답고 풍성한 추수를 거둠으로써 하나님 아버지께 영광을 돌렸다. 자기 생명을 버림으로써 예수님은 영광스러운 부활을 통해 생명을 다시 찾으신 것이다(10:17-18). 예수님은 우리를 당신의 양으로 삼으시기 위해, 우리가 마음으로부터 이렇게 고백할 수 있게 하려고 그렇게 하신 것이다. "내 사랑하는 자는 내게 속하였고 나는 그에게 속하였도다"(아 2:16, 참고 6:3).

삯꾼들이 양을 돌보는 첫째 이유는 그 대가로 돈을 받기 때문이다. 그래서 그들에게는 양 떼를 향한 개인적인 사랑이 없다. 이리 떼와 강도들이 나타나면 삯꾼들은 도망가서 숨으므로 적들은 자유롭게 와서 양 떼들을 공격할 수 있다. 그러나 예수님은 우리의 주인이시기에 우리를 위해 대신 죽으심으로 자신의 사랑을 증명하셨다! 우리는 예수님께 속하였기에 그분을 따르고 그분의 뜻대로 행해야 하는 것이다.

개척 선교사였던 C. T. 스터드(Studd)는 인생에서 은퇴를 계획해야 할 시점에 아프리카로 향했다. 한 신문기자가 그에게 왜 그런 결정을 내렸는지 묻자 이렇게 대답했다. "하나님이신 예수 그리스도가 나를 위해 돌아가셨다면 내가 예수님을 위해서 어떠한 희생을 치른다고 해도 그리 큰 희생이 될 수 없습니다."

예수님은 자신의 양을 소유하셨다. 만일 양이 그분을 따른다면 오직 예수님만이 주실 수 있는 풍성한 삶을 경험하게 될 것이다. "내가 온 것은 양으로 생명을 얻게 하고 더 풍성히 얻게 하려는 것이라"(요 10:10). 만일 예수님을 따르지 않는다면 그들은 삶을 완전히 망친 후에 공허함만을 맛보게 될 것이기에 목자는 그들을 연단할 수밖에 없다. 그럼에도 이것은 그리 기분 좋은 경험은 아님이 분명하다.

목자는 자기 양을 안다

"나는 선한 목자라 나는 내 양을 알고 양도 나를 아는 것이 아버지께서 나를 아시고 내가 아버지를 아는 것 같으니"(요 10:14-15).

성경에서 '안다'는 말의 의미는 어떤 사람이나 물건을 단순히 알아보는 것보다 훨씬 더 깊은 뜻을 지닌다. 성경에서 '안다'는 의미는 그 대상인 사람이나 사물과의 친밀함, 깊은 이해를 포함하는 것이다. 선택을 받았고 사랑을 받는다는 것을 뜻한다. 히브리 원어에서 '안다'는 단어는 남편과 아내 사이의 친밀한 사랑을 묘사하는 것이기도 하다. 심판의 날에 예수님은 거짓 신자들에게 이렇게 말씀하실 것이다. "내가 너희를 도무지 알지 못하니 불법을 행하는 자들아 내게서 떠나가라"(마 7:23, 참고 25:12).

목자들은 모든 양의 이름을 알았고, 매일 아침 우리에서 그 이름을 불렀다. 그리고 목자들은 양들 각각의 특징 또한 알았다. 어떤 양들은 헤매고 다니는 특징이 있었고, 어떤 양들은 자기 방식을 고집했으며, 어떤 양들은 목자의 명령을 잘 따르지 않았다. 목자들은 이런 지식들을 갖고 있었기에 양들을 더 잘 돌볼 수가 있었다.

그리고 양들도 자기들의 목자를 알았다! 마치 아이들이 자기 부모를 더 잘 알게 되고 학생들이 자기 선생님을 더 잘 알게 되듯이 양들도 자기 목자의 음성과 제스처들을 '읽게' 되는 것이다. 언제 자신들에게 경고를 주는지, 언제 자신들을 불러 모으는지, 그리고 언제 그저 지켜보고만 있다고 알려주는지를 알았다.

예수님이 당신과 양들과의 관계를 당신과 아버지와의 관계에 비유하신 것은 정말 놀랍다. 예수님이 기도를 마치시면서 아버지께 드린 말씀이 요한복음 17장에 기록되어 있다. "내가 아버지의 이름을 그들에게 알게 하였고 또 알게 하리니 이는 나를 사랑하신 사랑이 그들 안에 있고 나도 그들 안에 있게 하려 함이니이다"(26절). 하나님 아버지는 우리를 사랑하시기를 마치 예수님을 사랑하시는 것처럼 하신다. 우리가 예수님과 하나님 아버지를 더 잘 알면 알수록 우리는 하나님을 더 많이 사랑하며, 우리의 마음에 그분의 사랑을 더 많이 경험하게 되어서 그분께 더욱 순종하게 되는 것이다. 목자들은 자기 양들과 사랑의 관계를 맺었다. 그것은 마치 우리가 우리의 선한 목자와 맺어야 하는 그런 관계와 동일했다. 우리가 말씀을 공부하고, 목자를 경배하며, 교제를 맺고, 순종할 때 우리는 예수님과 또한 우리 자신에 대해 더 잘 알게 된다.

나의 목자가 나를 철저히 알고 이해하며, 그럼에도 불구하고 여전히 나를 사랑하고 돌봐주신다는 사실을 아는 것은 큰 격려가 된다. "여호와여 주께서 나를 살펴 보셨으므로 나를 아시나이다 주께서 내가 앉고 일어섬을 아시고 멀리서도 나의 생각을 밝히 아시오며 나의 모든 길과 내가 눕는 것을 살펴 보셨으므로 나의 모든 행위를 익히 아시오니"(시 139:1-3).

알버트 아인슈타인(Albert Einstein)의 부인이 남편의 수학 이론들을 잘 이해하는지 질문을 받자 이렇게 대답했다. "잘 모릅니다. 하지만 저는 아인슈타인 박사는 잘 압니다."

사도 바울은 구원받은 지 30년이 넘었고, 천국을 갔다 오기도 했으며, 영광 중에 계신 그리스도를 보기도 했지만 이렇게 고백하고 있다. "내가 그리스도(를)… 알고자 하여"(빌 3:10). 그는 에베소 교인들이 "하나님을 알게" 되기를 위해 기도했다(엡 1:17). 바로 우리가 매일 드려야 할 기도인 것이다.

목자는 자기 양을 부른다

"문지기는 그를 위하여 문을 열고 양은 그의 음성을 들나니 그가 자기 양의 이름을 각각 불러 인도하여 내느니라 자기 양을 다 내놓은 후에 앞서 가면 양들이 그의 음성을 아는 고로 따라오되 타인의 음성은 알지 못하는 고로 타인을 따르지 아니하고 도리어 도망하느니라"(요 10:3-5).

오순절날 한 설교에서 베드로는 이렇게 말했다. "이 약속은 너희와 너희 자녀와 모든 먼 데 사람 곧 주 우리 하나님이 얼마든지 부르시는 자들에게 하신 것이라"(행 2:39). 바울은 하나님의 백성들을 "부르심을 받은 자"로 표현했다(롬 1:6, 참고 8:30, 9:24). 주님은 복음의 전파를 통해서 죄인들을 부르신다(살후 2:14). 예수님은 불신과 죄의 어둠으로부터 우리를 불러내셔서 그분의 영광의 빛으로 인도하신다(벧전 2:9). 예수님은 자신을 따르게 하시려고 우리를 불러내신다(요 10:4, 9, 28). 그것이 의미하는 바는 마음의 변화에 이은 옛 삶과의 완전한 분리로, 성경은 이를 '회개'라고 일컫는다. 여기에는 어떠한 타협도 존재하지 않는다. 예수님이 말씀하셨다. "나와 함께 아니하는 자는 나를 반대하는 자요 나와 함께 모으지 아니하는 자는 헤치는 자니라"(마 12:30). 예수님이 원하시는 것은 개종자가 아니라 제자인 것이다.

우리를 향한 하나님의 부르심은 온전히 은혜다. 그 부르심을 받을 만한 자격이 우리에게는 없다. 만일 내가 "하나님이 나를 부르신 것은 내가 믿을 것을 미리 아셨기 때문이야"라고 말한다면 그것은 성경을 왜곡하는 것이다. 왜냐하면 하나님은 우리를 선택하셨고, 그것이 하나님이 우리를 부르신 까닭이며, 그래서 우리는 믿었던 것이다. "하나님이 미리 아신 자들을 또한 그 아들의 형상을 본받게 하기 위하여 미리 정하셨으니… 또 미리 정하신 그들을 또한 부르시고 부르신 그들을 또한 의롭다 하시고 의롭다 하신 그들을 또한 영화롭게 하셨느니라"(롬 8:29-30). 우리 주님이 요한복음 10장 26절에서 하신 말씀을 주목해보라. "너희가 내 양이 아니므로 믿지 아니하는도다." 예수님은 이렇게 말씀하지 않으셨다. "너희가 나를 믿지 않는 것을 보니 내 양이 아니로다."

"그가 자기 양의 이름을 각각 불러"(요 10:3). 주님은 아브라함의 이름을 부르셨고(창 22:1, 11), 모세의 이름(출 3:4), 사무엘의 이름(삼상 3:1-10), 시몬의 이름(요 1:42, 눅 22:31), 마르다의 이름(눅 10:41), 삭개오의 이름(눅 19:5), 막달라 마리아의 이름(요 20:16)을 부르셨다. 오늘날 우리는 그 당시의 신자들이 그랬던 것처럼 하나님의 음성을 듣지는 못하지만, 성령은 하나님의 말씀을 통해서 우리의 생각에 확신을 주시고 우리의 마음에 깨우침을 주시기에 우리는 이렇게 부르짖는다. "우리가 어찌할꼬"(행 2:36-37). 진정한 그리스도인에게 따르는 표적 가운데 하나는 하나님의 말씀에 민감한 '영적 귀'다. "귀 있는 자는 들을지어다"(마 11:15).

잃어버린 영혼에게 복음을 증거할 때 우리는 누가 하나님이 택하신 자들인지 모르며, 이 영원한 미스터리에 대해 우리도 염려해서는 안 될 것이다. 우리의 책임은 성령의 능력으로 복음을 나누고, 주님이 자신의 양을 불러내심을 믿는 것이다. 만일 오늘날 잃어버린 세상 속에 하나님이 자기 '양'을 두셨는지 우리가 모른다고 한다면 어느 누구에게라도 복음을 전하는 것이 소망이 없고, 낙심천만한 일이 될 것이다! 바울이 고린도에서 사역하고 있을 때 주님은 이렇게 말씀하셨다. "두려워하지 말며 침묵하지 말고 말하라 내가 너와 함께 있으매 어떤 사람도 너를 대적하여 해롭게 할 자가 없을 것이니 이는 이 성중에 내 백성이 많음이라"(행18:9-10). 선민 사상은 복음 전파에 방해물이 아니라 복음 전파 후에 존재하는 역동성의 하나인 것이다.

우리의 목자는 우리가 어떤 우리에 있든지 불러내어 구원하실 뿐만 아니라, 우리를 부르셔서 당신을 따르게 하시며 섬기게 하신다. 구원받지 못한 친구들과 친척들은 주님의 음성을 들을 수가 없기에 우리가 큰 실수를 하고 있다고 생각하겠지만 걱정할 필요가 조금도 없다. 우리의 목자가 앞서 가시며 길을 예비해주신다(요 10:4). 우리가 알지 못하는 가운데 하나님의 뜻에서 벗어날 때마다 주님은 문을 닫으시고 우리가 당신의 음성을 충분히 알아들을 때까지 기다리게 하신다(행 16:6-10). 우리가 하나님의 뜻에 기꺼이 따르며 매일 말씀 속에서 하나님의 음성을 듣고 인도하심을 위해 기도하는 한, 주님은 결코 우리가 길을 잃도록 버려두시지 않는다(요 7:17, 빌 3:15-16).

우리 안의 성령은 우리가 우리의 목자가 아닌 다른 이의 음성에 귀를 기울일 때 권고해주신다. H. A. 아이언사이드(Ironside) 박사는 로스앤젤레스 시내에서 한 젊은 신도와 함께 걷다가 '노방 전도자'와 맞닥뜨리게 된 경험에 대해 들려준다. 그 젊은 신도는 그 전도자가 성경을 가지고 있는 것을 보고는 아이언사이드 박사가 계속 걸어가고 있는 동안에 멈추어 서서 그의 말을 경청했다. 아이언사이드 박사는 그 전도자가 그리스도인으로 가장한 이단인 것을 알았다. 몇 분 후 젊은이가 따라오자 박사가 이렇게 물었다. "그 노방 전도자를 어떻게 생각하는가?" 젊은이가 이렇게 대답했다. "그의 말을 듣는 내내 제 마음이 이렇게 말했어요. '거짓말쟁이! 거짓말쟁이!'"

목자는 자기 양을 돌본다

도둑은 몰래 양을 훔치려 하고, 강도는 양을 무자비하게 다루려 하며, 삯꾼은 이리가 나타나면 겁에 질려 도망치지만, 진짜 목자는 자기 양 떼를 사랑과 용기를 가지고 돌본다. 진짜 목자는 양을 앞서 가면서 최고의 초장과 안전한 물을 찾아준다. 그는 언제 양이 누워서 쉬어야 할 때인지를 안다. 초장에 구덩이는 없는지, 위험한 적들이 숨어 있지는 않은지를 살피며 길을 잘 잃어버리는 양들을 감시한다.

자기 양을 위해 목숨을 내어놓는 선한 목자가 시편 22편에 잘 묘사되어 있다(1-21절). 그리고 돌아와서 충성된 보조 목자들에게 상을 주는(벧전 5:1-4) 목자장은 시편 24편에 그려져 있다. 그러나 우리가 양들을 구비시키며 능력을 부여하는(히 13:20-21) 위대한 목자를 보는 것은 시편 23편에서다. 이 멋진 시편이 주로 장례식장에서 낭송되는 것은 불행한 일이다. 왜냐하면 시편 23편은 우리 삶의 모든 날들 동안 자기 백성에게 사랑의 목회를 하시는 우리 주님을 묘사하고 있기 때문이다(시 23:6).

다윗 왕은 자신이 직접 목자로서 경험한 것과 하나님이 자신을 돌보아주셨던 것을 토대로 시편 23편을 썼다. "내게 부족함이 없으리로다"(1절). "해를 두려워하지 않을 것은"(4절). "내가 여호와의 집에 영원히 살리로다"(6절). 푸른 풀밭, 쉴 만한 물가, 의의 길, 음침한 골짜기, 위험한 적과 같은 그 어떠한 상황도 위대한 목자의 능력 앞에서는 아무것도 아니었다. 진짜 목자는 양을 생각하는 마음으로 양을 위해 최선을 구한다. 양을 보호하고, 양에게 공급하며, 양이 자기 마음대로 가려고 할 때 고쳐주신다. 하루가 저물고 목자가 양 떼를 이끌고 우리로 돌아갈 때면 각 양들에게 상처나 다친 곳은 없는지를 살피며 부드러운 의사가 되어주는 것이다. 양들이 그 밤을 보내는 동안 안락하기를 바란다.

초신자들은 그들의 영적 여정에서 일찌감치 목자가 하나님의 말씀으로 그들을 먹이고 새롭게 하는 것을 받아들이고 배워야만 한다. 어린 양은 자신의 어미를 알며 어미의 젖을 먹고 싶어 한다(벧전 2:2-3). 그러나 어린 양이 주님 안에서 장성해감에 따라 젖에서 단단한 음식으로 옮겨 가는 것이다(히 5:11-6:3). 목자는 성경이라는 푸른 풀밭에서 스스로 풀을 뜯어먹는 법을 가르쳐주시고, 그들은 자신들이 필요로 하는 진리를 성경에서 찾기 위해 어디를 보아야 하는지를 알게 된다. 날마다 목자가 하나님의 말씀으로 우리를 먹이지 않는다면 우리는 결코 "구주 예수 그리스도의 은혜와 그를 아는 지식에서"(벧후 3:18) 자라갈 수 없다.

목자는 자기 양들이 장성해가며 하나님의 자연 법칙 아래에서 자신들의 목적을 성취하기 바라면서 양들을 돌본다. 숫양과 암양이 새끼를 낳아 어린 양이 잘 자라도록 돕고, 어린 양이 자라서 또다시 새끼를 낳아 무리가 점차 커지게 된다. 모든 하나님의 양들이 이처럼 새끼를 낳고, 모든 양들이 장성하며, 양 떼가 목자의 말에 순종한다면 교회가 얼마나 달라지겠는가! 아무리 성실한 목자라고 해도 양들이 스스로 책임을 잘 감당하지 않는다면 한계에 부딪힐 수밖에 없다. "그러므로 우리가 그리스도의 도의 초보를 버리고 죽은 행실을 회개함"(히 6:1)에 이르고, 만일 우리가 말씀과 기도에 날마다 힘쓰며 "어린아이의 일"(고전 13:11)을 버린다면 성령이 우리를 그 다음 단계로 데려가실 것이다.

그러나 목사들과 지역 교회의 다른 영적 지도자들 또한 자신들의 목회를 성실히 수행해야만 한다. 우리 주님이 베드로에게 하신 말씀이 이것을 잘 말해주고 있다(요 21:15-17). "내 어린 양을 먹이라." "내 양을 치라." "내 양을 먹이라." 그들에게 있어서 가장 중요한 책임은 그 무엇보다도 예수 그리스도를 사랑하는 것이다. 만일 우리가 예수 그리스도를 사랑하면 우리는 그분의 양을 사랑하게 될 것이며, 그들을 섬기기 위해 희생할 것이다. 우리가 그리스도의 이름으로 다른 이들을 섬기는 것이 바로 그리스도를 섬기는 것임을 기억하라(마 25:40). "여러분은 자기를 위하여 또는 온 양 떼를 위하여 삼가라 성령이 그들 가운데 여러분을 감독자로 삼고 하나님이 자기 피로 사신 교회를 보살피게 하셨느니라"(행 20:28).

목자는 자기 양 떼를 모은다

예수님은 "이스라엘 집의 잃어버린 양"(마 10:5-6)에게로 가시면서 사역을 시작하셨지만, 당신의 교회에는 이방인들도 포함된다는 점을 분명히 하셨다. "또 이 우리에 들지 아니한 다른 양들이 내게 있어 내가 인도하여야 할 터이니 그들도 내 음성을 듣고 한 무리가 되어 한 목자에게 있으리라"(요 10:16). 예수님이 "한 우리"라고 말씀하시지 않은 점을 주목해보라. 왜냐하면 우리의 세상에는 여전히 유대인의 우리와 이방인의 우리가 존재하기 때문이다. 그러나 이어서 예수님은 "한 무리"를 말씀하시면서 예수 그리스도의 교회에는 자신이 유일한 목자이심을 말씀하셨다. 오순절에 전한 베드로의 메시지(행 2장)는 유대인들과 유대교로 개종한 이방인들을 향한 것이었다. 그러나 후에 베드로는 요한과 함께 사마리아로 갔으며, 주님은 믿는 사마리아인들을 자신의 무리로 받아주셨다(행 8:14-17). 사도행전 10장에 이르면 베드로는 이방인인 로마의 백부장 고넬료의 집으로 보냄을 받았고, 고넬료와 그의 일가와 친구들이 구원을 받고 한 무리가 되었다.

예수님이 몸의 머리가 되시는 것 같이(엡 2:16, 3:6, 4:4, 25), 예수님이 건물의 머릿돌이신 것 같이(2:11-22) 예수님만이 양 떼의 유일한 목자가 되신다. 아버지의 위대한 목적은 "하늘에 있는 것이나 땅에 있는 것이 다 그리스도 안에서 통일되게" 하시려는 것이다(1:10). 예수님은 모든 믿는 자들이 당신과 아버지가 하나이신 것처럼 다 하나가 되게 해달라고 기도하셨다(요 17:20-23). 이러한 연합에 대한 이유로 예수님은 두 가지를 말씀하셨다. 예수님이 아버지로부터 오신 자임과 아버지가 잃어버린 세상을 사랑하신다는 것을 세상이 믿게 하는 것 바로 그 두 가지다. 아버지의 자녀들이 서로 사랑하지 않는다면 아버지가 잃어버린 죄인들을 사랑하신다는 것을 어떻게 세상이 믿을 수 있겠는가?

우리가 억지로 한 무리인 척할 필요는 없다. 그렇게 행동을 하건 하지 않건 간에 우리는 이미 그리스도 안에서 하나이기 때문이다. "평안의 매는 줄로 성령이 하나 되게 하신 것을 힘써 지키라"(엡 4:3). 그러나 우리를 지켜보는 세상 앞에서 이 연합을 가시적으로 유지하기 위해서는 하나님의 사람들 편에서의 노력이 필요하다. "우리는 나뉘지 않으리 모두가 한 몸 되어"라고 찬송을 부르는 것으로는 충분치 않다. 우리의 말과 행동으로 그것을 증명해야만 한다. "너희가 다 믿음으로 말미암아 그리스도 예수 안에서 하나님의 아들이 되었으니… 너희는 유대인이나 헬라인이나 종이나 자유인이나 남자나 여자나 다 그리스도 예수 안에서 하나이니라"(갈 3:26, 28).

언젠가 예수님은 자신의 양 떼를 한데 모으시고 영원히 함께 살도록 천국으로 데려가실 것이다. 그리고 그 무리를 "자기 앞에 영광스러운 교회로 세우사 티나 주름 잡힌 것이나 이런 것들이 없이 거룩하고 흠이 없게 하려" 하실 것이다(엡 5:27). 그때에야 우리는 정직하게 "우리는 나뉘지 않으리 모두가 한 몸 되어"라고 노래할 수 있을 것이다. 그날이 오기까지 우리의 임무는 서로를 사랑하고 잃은 자를 사랑하여서 그들을 주님께로 데려감으로써 세상에 하나님의 사랑을 증명하는 것이다.

그리스도인들이 예수님을 선한 목자라고 고백하는 것은 그리 어려운 일이 아니다. 시편 23편을 기쁘게 외치며 그 말씀에 우리의 삶과 장래의 소망을 올려놓을 수 있다. 그러나 정말로 고백하기 어려운 것은 우리는 양이며 간절히 목자를 필요로 하는 존재라는 사실이다! 그래서 우리는 예레미야의 고백에 동의할 필요가 있다. "여호와여 내가 알거니와 사람의 길이 자신에게 있지 아니하니 걸음을 지도함이 걷는 자에게 있지 아니하니이다"(렘 10:23). 또한 우리는 이사야의 고백에도 동의한다. "우리는 다 양 같아서 그릇 행하여 각기 제 길로 갔거늘 여호와께서는 우리 모두의 죄악을 그에게 담당시키셨도다"(사 53:6).

예수님의 양이라고 주장하면서 예수님을 따르지 않는 것은 거짓말을 하고 있거나 불순종하고 있는 것이다. 둘 다 큰 죄에 속한다. 세상에서 일어나는 대부분의 문제는 그리스도를 무시하는 사람들이나 자기 방식대로 행하는 사람들로 인해 야기되는데, 우리의 교회들에서도 이런 일들은 심심찮게 일어나고 있거나 일어날 수 있다. 우리는 자신이나 다른 모든 이들을 향한 하나님의 뜻을 알고 있다고 생각하면서 스스로를 속이지만 예레미야 17장 9절은 이렇게 경고한다. "만물보다 거짓되고 심히 부패한 것은 마음이라 누가 능히 이를 알리요." 거짓 그리스도인이 "글쎄요, 제 마음을 안다면"이라고 말하는 것을 들을 때마다 나는 예레미야의 이 말씀을 인용하고 싶어진다.

내 경험을 통해 볼 때 주님을 더 오래 따르면 따를수록 내 자신이야말로 삶의 모든 결정에서 목자 예수님을 필요로 하는 대체 없는 한 마리 양이라는 사실을 더욱 깨닫게 된다. 때때로 내가 이 점을 잊어버리면 예수님은 성경의 한 구절을 통해 다시 상기시켜주시거나, 작은 실패를 통해 정신을 차리게 하시거나, 아니면 다른 그리스도인의 말을 통해 깨닫게 하신다. 내 삶에서 마치 베드로처럼 닭이 우는 소리를 듣고(눅 22:61) 내 목자가 나를 바라보시는 경험을 통해 다시 겸손함과 상한 심령을 되찾았던 것은 한두 번이 아니다.

예수님이 당신의 목자 되시며, 당신이 목자이신 예수님을 따를 때 앞날을 두려워할 필요가 없다. 미래는 당신의 친구가 될 것이기 때문이다.

07

부활이요 생명

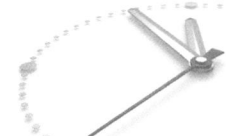

예수께서 이르시되 나는 부활이요 생명이니 나를 믿는 자는 죽어도 살겠고 무릇 살아서 나를 믿는 자는 영원히 죽지 아니하리니. - 요한복음 11:25-26

두려워하지 말라 나는 처음이요 마지막이니 곧 살아 있는 자라 내가 전에 죽었었노라 볼지어다 이제 세세토록 살아 있어. - 요한계시록 1:17-18

내가 진실로 진실로 너희에게 이르노니 내 말을 듣고 또 나 보내신 이를 믿는 자는 영생을 얻었고 심판에 이르지 아니하나니 사망에서 생명으로 옮겼느니라. - 요한복음 5:24

그러므로 자기를 힘입어 하나님께 나아가는 자들을 온전히 구원하실 수 있으니 이는 그가 항상 살아 계셔서 그들을 위하여 간구하심이라. - 히브리서 7:25

그러므로 우리가 그의 죽으심과 합하여 세례를 받음으로 그와 함께 장사되었나니 이는 아버지의 영광으로 말미암아 그리스도를 죽은 자 가운데서 살리심과 같이 우리로 또한 새 생명 가운데서 행하게 하려 함이라. - 로마서 6:4

우리 주 예수 그리스도의 아버지 하나님을 찬송하리로다 그의 많으신 긍휼대로 예수 그리스도를 죽은 자 가운데서 부활하게 하심으로 말미암아 우리를 거듭나게 하사 산 소망이 있게 하시며 썩지 않고 더럽지 않고 쇠하지 아니하는 유업을 잇게 하시나니. - 베드로전서 1:3-4

또 증거는 이것이니 하나님이 우리에게 영생을 주신 것과 이 생명이 그의 아들 안에 있는 그것이니라 아들이 있는 자에게는 생명이 있고 하나님의 아들이 없는 자에게는 생명이 없느니라. - 요한일서 5:11-12

…

우리 삶에서 어떤 대상에 대해 정의를 내리거나 설명을 할 때 가장 익숙한 것들이야말로 가장 어려운 대상일 때가 많다. 예를 들면, 빛이나 차가움에 대한 정의를 내릴 때나, 초콜릿이나 페퍼민트의 맛을 설명할 때가 그런 경우이다. 당신은 생명에 대해 어떻게 정의를 내리겠는가?
생명을 뜻하는 헬라어 조에(zoe)는 요한복음에 36번 나오는데 나머지 세 복음서를 통틀어 사용된 16번보다 훨씬 많다. 우리는 이미 생명이라는 단어를 앞에서 살펴봤는데 예수님은 생명의 떡(요 6:35, 48), 생명의 빛(8:12), 양을 위해 자기 생명을 주신 목자(10:10, 28)이시다. 이번 장에서는 "부활이요 생명"(11:25-26)이신 예수님을 살펴보고, 다음 장에서는 "길이요 진리요 생명"(14:6)이신 예수님을 살펴보자.

그리스도인에게 생명이란 단순히 육체적 조건이나 사회적 경험만을 뜻하지 않는다. 그리스도인에게 생명이란 한 사람, 바로 예수 그리스도의 생명을 의미한다. 바울은 "그리스도는 우리의 생명"이라고 했다(골 3:4 참고). 또한 바울은 빌립보 교인들에게 이렇게 썼다. "내게 사는 것이 그리스도니 죽는 것도 유익함이라"(빌 1:21). 생명이란 어떤 대상을 위해 우리가 살아 있는 것이다. 사람들은 자신을 흥분시키고, 기쁘게 하며, 만족시키는 대상을 향해 '살아 있다.' 그것이 바로 자신의 존재 그 자체인 것이다. 그리스도인은 예수 그리스도와 관계된 것이라면 그 어떤 것일지라도 그것을 향해 살아 있어야 한다.

부활은 생명으로 이끄는데, 예수님은 부활이자 생명이시다. 예수 그리스도를 믿는 믿음이 우리를 죄로 인한 영적 사망에서 일으키며(엡 2:1-10), 우리에게 영원한 생명과 풍성한 삶을 가져다준다. 영혼이 육신을 떠나면 그 육신은 죽은 것이다(약 2:26). 그리스도인에게 이것은 그리스도와 함께하러 감을 의미한다(고후 5:6-10, 빌 1:22-23). 그러나 예수님이 재림하실 때까지 우리가 살아 있다면 우리는 결코 죽지 않을 것이다. 우리는 공중에서 구주를 영접하러 올라가며 변화될 것이며, 그분과 함께 영원히 살게 될 것이다(살전 4:13-18, 빌 3:20-21). 내 친구는 자신을 '장의사'라는 호칭 대신 '천국사'라고 불러주면 좋겠다고 말했는데 나도 그의 말에 전적으로 동의한다.

요한복음 11장의 이야기는 너무나 심오해서 우리 삶의 다방면에 영향을 미친다. 그 이야기는 사랑으로 시작하는데(5절), 하나님의 사랑이 그분의 사람들이 고통과 병, 슬픔을 경험하지 않도록 막아주지 않는다는 사실을 분명히 말한다. 또한 소망과 함께 소망의 상실도 다룬다(3, 8-10, 21-22, 32절). 그러나 그 이야기의 핵심은 믿음에 있는데, 제자들의 믿음(1-16절), 자매들의 믿음(17-44절), 가족의 친구들의 믿음과 유대 종교 지도자들의 믿음 없음(45-57절)도 나온다.

그리스도는 죽은 자를 살리시고 그 기적에 따라오는 새로운 삶의 모든 필요를 채우시는 분이다. 예수님이 바로 "부활이요 생명"이시기 때문이다. 주님은 인간적인 상황에서는 가망 없이 보이는 '죽음'으로 들어가실 수도 있고, 부활의 능력으로 인해 사람들과 상황을 변화시키며 모든 것을 새롭게 하심으로 생명을 불어넣어주실 수도 있다. 수세기에 걸쳐서 이 일은 수많은 지역 교회와 여러 사역 기관뿐 아니라 각 개인의 삶에서 일어났으며, 오늘날에도 여전히 이런 일은 일어날 수 있다.

만일 당신이 '죽음'의 상황에 처했거나 삶의 소생이 필요하다고 느낀다면 요한복음 11장 25-26절에 나오는 주님의 말씀이 바로 그 해답이다. 바울이 말했다. "아버지의 영광으로 말미암아 그리스도를 죽은 자 가운데서 살리심과 같이 우리로 또한 새 생명 가운데서 행하게 하려 함이라"(롬 6:4). 불신과 죄는 죄로 물든 옛 생명에 연결되어 있지만, 믿음과 생명은 그리스도 안에서 새 생명에 연결되어 있다. 이것이 바로 예수님이 나사로의 수의를 벗기고 새 생명의 신선함과 향기를 주라고 명령하신 까닭이다(요 11:43-44). 하나님의 사람들은 무덤에서 나오고 수의를 벗어버리며 그리스도 안에서 새로운 삶을 사는 것을 만방에 보여주어야 한다.

성경을 공부해나가면서 우리는 "부활이요 생명"의 몇 가지 예를 살펴볼 것이다. 이번 장을 마칠 때, 우리 주님의 다음 질문에 우리 모두가 "예!"라고 열렬히 외칠 수 있기를 소망한다. "이것을 네가 믿느냐"(요 11:26).

새로운 나라: 이스라엘

이스라엘은 아브라함이라는 한 남자와 그의 아내 사라로부터 시작되어 족장들의 삶이 이어지면서 존재하게 된 나라이다. 이스라엘은 하나님이 이 지구상에 세우신 나라 가운데 가장 중요한 나라이다. "구원이 유대인에게서" 났기 때문이다(요 4:22). 유대인은 유일하신 하나님에 대한 지식을 세상에 주었을 뿐 아니라 우리에게 성경을 주었으며, 무엇보다도 가장 중요한 하나님의 아들이신 우리 구주 예수 그리스도를 주었다.

하나님은 아브라함과 사라에게 갈대아 우르의 집과 친척, 우상들을 떠나 그분이 인도하시는 새로운 땅으로 가라고 명령하셨다. 그곳에서 그들은 온 세상에 축복을 가져다줄 새로운 나라를 시작하게 될 것이었다. 하나님은 아브라함에게 영광을 드러내시며 아브라함과 그의 아내를 축복하여 큰 민족을 이루게 하겠다는 언약을 하셨다(창 12:1-3, 행 7:1-8). 갈대아 우르 땅을 떠날 때 아브라함의 나이는 일흔다섯, 그의 아내의 나이는 예순다섯이었다. 그때까지 자녀가 없었고 이미 자녀를 생산할 수 있는 연령이 지났는데 어떻게 그들이 큰 민족을 이룰 수 있겠는가? 그들은 자신들을 죽은 것이나 마찬가지로 여겼다! 하지만 바로 그때가 하나님의 기적과 부활의 능력이 역사할 때이다.

하나님 약속의 성취는 사람이 가진 어떤 것에 달려 있는 것이 아니라 전능하신 하나님의 약속을 믿는 믿음에 달려 있다. 아브라함은 아내의 애굽 여종 하갈과 동침하여 아들을 얻음으로 자기 방식대로 하나님의 약속을 성취하려고 노력했지만, 하나님은 이스마엘을 거절하시고 이삭으로 하여금 대를 잇게 하셨다. 믿음이란 책략을 꾸미지 않고 사는 것이다. 아브라함의 책략은 결혼생활뿐 아니라 하나님과 동행하는 삶에 문제만 가져왔다.

아브라함과 사라 두 사람 모두 하나님의 부활의 능력을 경험해야 했다. 사도 바울의 말을 통해 어떤 일이 일어났는지 알아보자.

"아브라함이 바랄 수 없는 중에 바라고 믿었으니 이는 내 후손이 이같으리라 하신 말씀대로 많은 민족의 조상이 되게 하려 하심이라 그가 백 세나 되어 자기 몸이 죽은 것 같고 사라의 태가 죽은 것 같음을 알고도 믿음이 약하여지지 아니하고 믿음이 없어 하나님의 약속을 의심하지 않고 믿음으로 견고하여져서 하나님께 영광을 돌리며 약속하신 그것을 또한 능히 이루실 줄을 확신하였으니"(롬 4:18-21).

이삭이 태어났을 때 아브라함은 백 살이었고 사라는 아흔 살이었으므로 이삭의 출생은 분명히 기적이었다. 아브라함과 사라에게 하나님은 "부활이요 생명"이었다. 하나님은 그들의 믿음을 귀히 여기시고 그들이 부모가 되는 데 필요한 부활의 능력을 주셨다. 이 기적을 살펴볼 때마다 우리는 아브라함의 믿음은 칭송하지만 사라의 역할은 잊어버리곤 한다. 히브리서 11장 11절은 말한다. "믿음으로 사라 자신도 나이가 많아 단산하였으나 잉태할 수 있는 힘을 얻었으니 이는 약속하신 이를 미쁘신 줄 알았음이라." 이삭은 거룩한 부모에게서 태어난 축복받은 사람이었다.

이삭이 장성하자 하나님은 아브라함에게 그를 제물로 바치라고 명령하셨고 아브라함은 그 명령에 순종했다(창 22장). 히브리 국가의 미래가 그 아이에게 달려 있었다. 그래서 하나님은 이삭의 생명을 원하신 것이 아니라 아브라함의 마음을 원하셨고, 아브라함이 하나님이 주신 축복이 아닌 하나님 그분을 의뢰하기 원하셨던 것이다. 다시 한번 시련을 승리로 만든 것은 하나님의 부활의 능력에 대한 믿음이었다. "아브라함은 시험을 받을 때에 믿음으로 이삭을 드렸으니… 그가 하나님이 능히 이삭을 죽은 자 가운데서 다시 살리실 줄로 생각한지라 비유컨대 그를 죽은 자 가운데서 도로 받은 것이니라"(히 11:17, 19). 아버지와 아들이 하나님의 부활의 능력을 함께 경험하는 것은 정말 멋진 일이다.

이삭과 그의 아내 리브가에게는 야곱과 에서라는 쌍둥이 아들이 있었는데 하나님은 그 가운데 야곱을 택하셔서 언약의 축복을 물려주셨다. 야곱의 이야기는 창세기 28-49장에 나온다. 야곱은 하나님을 알았지만 자신이 원하는 것을 성취하기 위해 책략을 세우고 자신의 영리한 꾀에 의존했다. 야곱은 이스라엘 열두 지파의 조상이 되는 열두 아들의 아버지가 된다.

야곱이 가장 사랑하는 아들은 요셉이었다. 요셉의 어머니 라헬은 베냐민도 낳았다. 요셉의 이야기는 창세기 37-50장에 나오는데, 열 명의 형제가 그를 미워해서 노예로 팔아넘겼다. 요셉은 후에 애굽 땅으로 가서 하나님의 인도하심으로 애굽의 국무총리가 되지만 그의 형제들은 요셉이 죽었다고 아버지에게 거짓말을 했다. 그 어떤 위로도 이 늙은 족장에게는 소용이 없었고 그는 슬퍼하며 자신도 무덤에 함께 묻혀 아들 곁으로 가겠다고 했다(창 37:35). 야곱은 이처럼 자주 "슬퍼하며 스올로 내려가게 함이 되리라"고 말하는 비관적인 사람이었다(42:38, 44:29, 31 참고).

그러다 7년 동안 기근이 닥치자 요셉의 형제들은 먹을 것을 구하러 애굽으로 가게 되었고, 하나님은 요셉과 그의 형제들이 만나는 장면을 연출하셨다. 그리고 더욱 중요한 것은, 열 명의 형제가 회개하고 죄를 자백했다는 사실이다. 집으로 돌아간 그들은 아버지에게 사실대로 털어놓았고 늙은 몸과 지친 마음의 야곱은 부활의 능력과 기쁨을 경험하게 되었다. 야곱은 요셉이 거처를 마련해준 애굽으로 온 식솔을 이끌고 갔다. 애굽에서 요셉을 만난 야곱은 이렇게 말한다. "이제 죽어도 족하도다." 그런데 야곱은 그 말을 한 이후로도 17년을 평안하게 살았다. 은혜로우신 하나님은 그를 절망의 구덩이에서 끌어올리시고 새로운 시작을 주셨다. 그것은 감정과 영의 부활이었다.

요셉의 이야기는 그가 열일곱 살 되던 때부터 시작된다. 하나님은 요셉에게 두 가지 놀라운 꿈을 주셨고, 그는 가족에게 그 이야기를 했다 (창 37장). 형들은 평소에 아버지의 편애를 받는 요셉과 꿈 이야기 때문에 그를 미워하게 되었다. 원래는 요셉을 죽이기로 공모했으나 마음을 바꿔서 그를 노예로 팔아넘겼다. 요셉의 첫 번째 '부활'은 그가 구덩이에서 건짐받을 때였다. 요셉은 바로의 신하 보디발의 종이 되었고 나중에는 보디발의 집안 전체를 관리하는 집사가 되었다. 그 후 보디발의 아내가 요셉을 유혹하려다가 거절당하자 그에게 죄를 뒤집어씌워 옥에 갇히게 된다. 창세기 40장 15절과 41장 14절에 나오는 "옥(dungeon)"이라는 단어는 시편 28편 1절, 30편 3절, 88편 4절과 143편 7절에 나오는 "무덤(the pit of death)"이라는 단어와 같다. 그러므로 하나님이 그를 구원하셔서 애굽의 국무총리로 삼으신 것은 마치 죽음에서 '부활'한 것과 같다. 이처럼 아브라함과 사라, 이삭, 야곱, 요셉의 부활을 살펴보면 이스라엘은 정말 기적의 나라임을 깨닫게 된다. 그런데 또 하나의 부활이 있다. 바울이 이스라엘이 장차 회복될 것을 "죽은 자 가운데서 살아나는 것"에 비유한 것이다(롬 11:15, 겔 37:1-14).

새로운 피조물: 교회

예수님이 마르다에게 나사로의 부활에 대해 말씀하시자 마르다는 유대인의 교리에 따라 자기 믿음을 고백했다. "마지막 날 부활 때에는 다시 살아날 줄을 내가 아나이다"(요 11:24, 참고 행 23:8). 하지만 예수님의 마음에는 다른 생각이 있으셨으므로 마르다의 신앙 고백에 이렇게 대답하셨다. "나는 부활이요 생명이니"(요 11:25). 예수님은 부활을 믿음의 대상에서 사람으로, 미래의 시점에서 현재의 시점으로 옮기셨다. 미래의 부활에 대한 교리를 무효화시킨 것이 아니라, 예수님의 부활의 능력은 그분의 백성들에게 바로 오늘이라도 가능하다는 것을 마르다에게 (그리고 우리에게) 말씀하신 것이다.

교리가 중요하기는 하지만 우리가 믿는 바를 단순히 확증하는 것으로는 충분하지 않다. 우리는 성경의 교리가 하나님의 아들로 말미암아 실재가 되었으며 예수님이 성령을 통해 각각의 교리를 우리의 삶 가운데 정말 살아 있게 만드신다는 사실을 깨달아야 한다. "너희는 하나님으로부터 나서 그리스도 예수 안에 있고 예수는 하나님으로부터 나와서 우리에게 지혜와 의로움과 거룩함과 구원함이 되셨으니"(고전 1:30). 기독교는 신앙 고백문을 가진 또 하나의 종교가 아니다. 기독교는 바로 그리스도 자신이다.

성경에 나오는 구원에 대한 많은 그림 가운데 부활은 가장 중요하면서도 우리에게 가장 고무적인 그림이다. "내가 진실로 진실로 너희에게 이르노니 내 말을 듣고 또 나 보내신 이를 믿는 자는 영생을 얻었고 심판에 이르지 아니하나니 사망에서 생명으로 옮겼느니라"(요 5:24). 구원받지 못한 사람들은 자신들의 죄 때문에 단순히 '병든' 존재가 아니라 "허물과 죄로 죽었던 (존재이나)… 긍휼이 풍성하신 하나님이 우리를 사랑하신 그 큰 사랑을 인하여 허물로 죽은 우리를 그리스도와 함께 살리셨고 (너희는 은혜로 구원을 받은 것이라) 또 함께 일으키사 그리스도 예수 안에서 함께 하늘에 앉히"신 것이다(엡 2:1, 4-6). 할렐루야!

예수님이 얼마나 많은 사람을 사망에서 다시 살리셨는지는 알 수 없지만, 복음서에는 그 같은 기적이 3번 기록되어 있다. 예수님은 방금 죽은 열두 살짜리 여자아이를 살리셨고(눅 8:40-56), 죽은 지 만 하루가 지난 젊은 남자를 살리셨으며(7:11-17), 죽은 지 나흘이 된 중년 남자 나사로를 살리셨다(요 11:38-44). 만일 이 셋 가운데 어떤 사람이 가장 죽은 사람인지를 묻는다면, 당신은 아마 내가 제정신이 아니라고 생각할 것이다. 죽음에는 육신의 부패 정도만 다를 뿐 등급이 없기 때문이다. 오늘날 세상에는 수백만의 세련된 종교인들이 살고 있지만 그 어린 여자아이처럼 아직 부패가 눈으로 보이지만 않을 뿐 영적으로는 죽은 자들이 많다. 어떤 이들에게서는 그 젊은 남자처럼 부패의 증거를 조금 볼 수 있고, 다른 이들에게서는 나사로처럼 부패가 많이 진행되어서 모든 사람들이 알 수 있을 정도이다. 하지만 그 셋의 공통점은 모두 죽었다는 사실이다.

이 세 경우의 사람들이 생명을 되찾은 것은 예수님의 명령 때문이었는데, 오늘날에도 예수님을 믿을 때 동일한 말씀이 영적 사망에서 죄인들을 살려낸다(요 5:24, 히 4:12, 벧전 1:23-25). 새 생명을 얻어 다시 살아난 사람들은 모두 자신들이 정말로 살아 있다는 증거를 보여주었다. 여자아이는 걸어서 방 안을 돌아다녔고 음식을 먹었다. 젊은 남자는 말을 했으며, 나사로는 발이 묶인 채로 무덤에서 나와 새 옷으로 갈아입었다. 살아 계신 그리스도의 능력으로 말미암아 영적 사망에서 죄인들이 살아나면, 우리는 그들의 걸음걸이, 말, 영적 양식에 대한 갈망, 옛 사람을 벗고 새 사람을 "옷 입고" 있음을 통해서 그 증거들을 볼 수 있다(골 3:5-17). 바울은 고린도후서 5장 17절에서 이것을 멋지게 정리했다. "그런즉 누구든지 그리스도 안에 있으면 새로운 피조물이라 이전 것은 지나갔으니 보라 새 것이 되었도다."

육신의 부활과 영의 부활 사이에는 크고 놀라운 두 가지 차이점이 있다. 첫째, 예수님이나 사도들이 살린 모든 사람은 다시 죽었지만, 영생을 얻은 사람은 결코 다시 죽을 수 없다. 육신은 사망으로 '잠자고' 있겠지만, 그들의 영은 영원히 그리스도와 함께 거할 것이다. 예수님이 재림하실 때 그들은 영광스러운 새 몸을 입고 재림 당시 살아 있는 모든 신자들과 함께 공중으로 들려 올라갈 것이다(살전 4:13-18).

둘째, 예수님과 사도들이 살린 사람은 원래의 생활로 돌아갔지만 예수님이 승천하신 이후에 예수님을 믿었던 사람은 성령 충만함으로 초자연적인 삶을 살았다. 성령은 각 신자들을 사망, 매장, 부활, 승천, 구주의 보좌에 앉기로 각기 판정한다. 에베소서 2장 4-10절, 골로새서 2장 6-15절, 로마서 6장을 주의 깊게 읽어보라. 또한 에베소서 1장 15-23절과 3장 14-21절에 나오는 하나님의 백성들을 위한 바울의 기도를 살펴보라. 우리 하나님 아버지는 성령이 능력 주시는 사역을 통해 우리가 예수 그리스도의 부활의 능력을 믿는 믿음으로 살기 원하신다.

예수님이 죽으시고 부활하셔서 승천하시기까지 성령은 하나님의 사람들에게 오시지 않았다. "그러나 내가 너희에게 실상을 말하노니 내가 떠나가는 것이 너희에게 유익이라 내가 떠나가지 아니하면 보혜사가 너희에게로 오시지 아니할 것이요 가면 내가 그를 너희에게로 보내리니"(요 16:7, 참고 7:37-39). 예수님을 죽음에서 살린 바로 그 능력이 오늘날 하나님의 모든 사람에게 있다(엡 1:18-23). 바울이 "그 부활의 권능"이라고 부른 바로 그 능력이다(빌 3:10). 이것은 과거의 역사가 아니라 오늘의 현실 속에서 역사한다. 예수님은 "나는 부활이요 생명"이라고 말씀하신다. 교회는 개개인의 믿는 자들로 이루어지고 성령은 그 믿는 자들을 움직이신다. 그렇지 않다면 하나님의 영광을 위해 할 수 있는 일은 아무것도 없을 것이다. "그 부활의 권능"은 구원하는 능력이고(롬 10:9-10), 구원을 온전케 하는 능력이며(히 7:25), 살아 있는 능력이고(롬 6:4, 갈 2:20), 섬기는 능력이다(행 1:8, 고후 5:14-15).

믿음을 고백한 많은 그리스도인들이 마치 바울이 에베소에서 만났던 열두 남자처럼(행 19:1-7) 성령이 거하시는 것에 대해 알지 못함으로 영적으로 결핍 상태에 있다는 사실이 참으로 슬프다. 또한 오늘날 수많은 교회들이 마치 라오디게아 교회처럼 자신들은 모든 것을 가졌다고 생각하지만 실제로는 "곤고한 것과 가련한 것과 가난한 것과 눈먼 것과 벌거벗은 것"(계 3:14-22)과 같다는 것도 슬픈 일이다. 그들은 예수님을 경배한다고 주장했지만, 예수님은 교회 문밖에서 안으로 들어가고자 서 계셨다(20절).

교회는 재정의 힘에 의존하지 않으며("은과 금은 내게 없거니와", 행 3:6), 위대한 지성인이나 재능에도 의존하지 않고("학문 없는 범인", 행 4:13), 세상이 주는 그 어떤 것에도 기대지 않는다("내 나라는 이 세상에 속한 것이 아니니라", 요 18:36). 교회의 성공은 하나님의 사람들이 기도하고 믿으며 하나님의 영광을 위해 주님을 섬길 때 성령이 주시는 능력에 전적으로 달려 있다. 영적 성공의 비밀은 세상의 방식을 흉내낼 때가 아니라 성령의 역사하심을 통해 주님과 그분의 능력을 힘입을 때 발견할 수 있다. "오직 성령이 너희에게 임하시면 너희가 권능을 받고"(행 1:8).

기도하고 말씀을 전파하는 교회는 강력한 교회이다. 사도들은 "기도하는 일과 말씀 사역"에 집중했다(행 6:4). 성령은 기도와 말씀을 통해서 자신의 역사를 이루어가시기 때문이다. 오직 기도에만 힘쓰고 말씀이 없다면 열기는 있으되 빛은 얻지 못할 것이다. 그 반대라면 빛은 있으되 열기는 없을 것이다. 우리 교회가 균형을 이루고 성령이 우리로 하여금 복음 전도, 일, 전쟁의 능력을 갖추게 하시기를 하나님은 원하신다.

새로운 기대: 믿는 자들의 산 소망

신약성경의 세 서신서는 "찬송하리로다 하나님 곧 우리 주 예수 그리스도의 아버지"라는 찬양으로 시작한다. 에베소서 1장 3절은 과거를 되돌아보며 하나님을 찬양하고 있는데, 이것은 하나님이 예수 그리스도 안에서 모든 영적 축복으로 그분의 백성을 축복하셨기 때문이다. 고린도후서 1장 3절은 힘들 때 우리에게 힘을 주시는 현재의 하나님을 찬양한다. 베드로전서 1장 3절은 미래에 초점을 맞추고 하나님 아버지를 찬양하는데, 이것은 "예수 그리스도를 죽은 자 가운데서 부활하게 하심으로 말미암아 우리를 거듭나게 하사 산 소망이 있게" 하시기 때문이다. 그리스도인이라면 그 누구도 죽음이나 미래를 두려워할 필요가 없는데, 이것은 예수님이 살아 계시며 우리에게 "산 소망"을 주시기 때문이다.

베드로는 '산(living)'이라는 말을 즐겨 사용하고 있다. "산 소망"과 함께 베드로가 우리에게 상기시키는 것은 성경은 "살아 있고 항상 있는" 말씀이고(벧전 1:23), 예수님은 "산 돌"(2:4)이시며, 믿는 자들은 "산 돌"들(5절)이라는 사실이다. "산 소망"은 영원에 뿌리를 두고 있기에 사라지지 않는 소망이다. 아리스토텔레스는 소망을 "걸어다니는 꿈"이라고 정의 내렸으나 사람들에게 인기 있었던 많은 소망들은 악몽으로 끝나기 일쑤였다. 정신과 의사 칼 메닝거(Karl Menninger)는 소망이란 "모험이자 앞을 향해 나아가는 것, 곧 보상을 주는 삶을 향한 확신에 찬 추구"라고 말했다. 어떤 꿈들은 거품에 불과하지만 하나님이 약속하신 꿈이라면 그분이 성취하실 것을 확신할 수 있다. "하나님의 약속은 얼마든지 그리스도 안에서 예가 되니"(고후 1:20).

요한복음 11장을 읽고 묵상하면서 우리 주님의 말과 행동을 세밀하게 살펴보라. 나사로가 병들었다는 전갈을 받았을 때 예수님은 그 소식을 들고 온 종에게 어딘가 좀 신비한 메시지를 들려서 보내신다. "이 병은 죽을 병이 아니라 하나님의 영광을 위함이요 하나님의 아들이 이로 말미암아 영광을 받게 하려 함이라"(4절). 그 메시지는 성실하게 전달되었지만(38-40절), 마르다와 마리아에게 별 도움이 되지 않은 듯 보인다. 만일 예수님이 염려하신 것이 나사로의 건강과 두 자매의 슬픔뿐이었다면, 왕의 신하의 병든 아들을 고치셨고(4:46-54), 로마 백부장의 사랑하는 종을 고치셨던 것처럼(눅 7:1-10) 먼 곳에서도 나사로의 병을 고쳐주셨을 것이다. 그러나 예수님이 모든 사람에게 알리고 싶으셨던 것은, 하나님 아버지가 기적을 행할 수 있도록 허락하신 까닭이 아버지와 아들이 함께 영광을 받으며 사람들이 예수님을 믿기 원하셨기 때문이라는 사실이었다.

예수님은 마리아와 마르다에게 말씀으로 위로하기 원하셨고 무덤가에 가셔서 흐느껴 우셨다. 잠시 뒤에 나사로가 살아날 것을 아셨던 예수님이 나사로 때문에 눈물을 흘리신 것은 아니었다. 예수님이 우신 까닭은 죄가 이 세상에 가져온 고통과 슬픔을 보셨기 때문이고, 어쩌면 자신이 나사로를 완전한 기쁨의 장소에서 절망으로 가득한 세상으로 불러오시는 것임을 아셨기 때문일지도 모른다. 마리아와 마르다가 우리 주님의 심중을 이해하고 믿었더라면 예수님이 베다니에 당도하실 때까지 평강 가운데 잠잠히 기다렸을 것이다.

예수님은 당신의 백성들에게 "내가 다시 와서"(요 14:3)라고 약속하셨다. 바울은 이를 "복스러운 소망"(딛 2:11-14)이라고 불렀다. 예수님은 "부활이요 생명"이시며, 믿는 자들은 예수님을 보면서 그분과 같이 되고 영원히 그분과 같이 살 것을 기대하기 때문이다. 예수님은 살아 계시기 때문에 이 약속은 그분의 백성들의 마음속에서 점점 더 강해지는 "산 소망"인 것이다. 그렇다. 수 세기에 걸쳐서 교회는 예수님의 재림을 기다리며 고대해왔지만, 그리스도인들이 그 약속을 잊어버리고 잠자러 갔던 시기도 많았다. 베드로는 이른바 이 약속의 연기는 교회가 증거할 시간을 더 많이 가져서 불신자들이 회개하고 구원받을 기회를 더 많이 주기 위함이라고 말한다(벧후 3:1-10).

주의 나타나심을 지켜보고 있는 신자들은(마 25:13) 그분이 오실 때 준비되어 있을 것이지만, 부주의한 그리스도인들은 무방비 상태에서 예수님을 맞을 것이다. 데살로니가전서의 각 장들은 다음과 같이 예수 그리스도의 재림과 이 "복스러운 소망"이 우리 삶에 가져오는 변화와 관련된 말씀으로 끝을 맺는다.

- 우상을 버리고 하나님을 섬긴다(1:9-10).

- 신자들을 사랑하며 그들과 더불어 기뻐한다(2:17-20).

- 흠 없는 삶을 가꾸려고 노력한다(3:13).

- 슬퍼하되 소망을 잃지 않는다(4:13-18).

- 거룩을 실천하는 데 주력한다(5:23-24).

어느 기독교대학의 총장이 재능 있는 복음 전도자이자 훌륭한 학생인 한 젊은 청년에 대해 이야기한 것이 기억난다. 그 청년은 주말마다 캠퍼스에서 운전해 갈 만한 거리에 있는 교회들을 방문해서 말씀을 전했기에 하나님께 영광을 돌리는 사람으로 정평이 나 있었는데, 갑자기 그에게 어떤 변화가 일어났다. 말씀을 전하는 일이 줄어들었고, 심지어는 수업까지 빠졌으며, 성적이 뚝 떨어졌던 것이다. 총장이 그 학생을 불러서 이런 변화의 원인을 묻자 그가 이렇게 대답했다. 최근에 멋진 그리스도인 여성과 약혼을 했는데 예수님이 재림을 좀 늦추어주셨으면 하는 바람이 생겼다는 것이다. 결혼을 해서 사랑하는 사람과 여행을 하며 함께 복음을 전하고 싶은 마음이 생겼기에 고민하게 되었던 것이다. 일단 그 고민이 해결되자 그의 기쁨은 돌아왔고 성적도 좋아졌으며 사역의 능력도 회복되었다.

지금은 천국에 가 있는 한 친구는 우리 부부에게 종종 전화를 해서 수다를 떨고 기도 제목을 나눈 다음 전화를 끊을 때마다 이렇게 말하곤 했다. "계속해서 하늘을 올려다보게나! 오늘일지도 모르니까!" "산 소망"이 신조 속의 죽은 교리가 되면 하나님을 위한 우리의 사역과 복음 전도도 점차 기쁨과 능력을 잃게 된다. 내 말이 틀렸음을 증명하려고 애쓸 필요는 없다. 이것은 틀림없는 사실이니 말이다. 성경에 나오는 맨 마지막 약속은 "내가 진실로 속히 오리라"이다. 그리고 이것이 마지막 기도다. "아멘 주 예수여 오시옵소서"(계 22:20).

사도 바울은 죽음을 "맨 나중에 멸망받을 원수"(고전 15:26)라고 불렀는데 그 원수는 오직 그리스도 안에서 믿음을 갖지 않는 자들만을 공격할 뿐이다. 믿는 자에게 죽음은 "잠"이지만(살전 4:14, 요 11:11), 이

때 명심할 것은 이는 육신에 적용되는 말이지 혼과 영에는 적용되지 않는다는 사실이다. 바울은 또한 떠남(departure)이라는 단어를 썼는데(빌 1:23, 딤후 4:6), 헬라어로 이 말에는 풍부한 비유들이 들어 있다. 군인에게 이 말은 막사를 정리하고 계속해서 행군하는 것을 의미하고(고후 5:1-8), 선원에게 이 말은 닻줄을 풀고 항해를 시작하는 것을 뜻한다. 농부는 소의 멍에를 제거하는 것을 묘사할 때 그 말을 사용했다. 우리는 그리스도 안에서 죽은 자들이 수고를 그치고 쉬게 됨을 기뻐한다(계 14:13). 베드로는 임박해오는 자신의 죽음을 묘사하면서 탈출[exodus, 대부분의 영어성경은 '출발(departure)'로 번역함]이라는 말을 사용했고(벧후 1:15), 누가복음 9장 31절은 우리 주님의 십자가 죽음을 의미하는 말로 사용했다. 예수님은 자신의 죽음을 열매 맺는 한 씨앗을 심는 것에 비유하셨고(요 12:20-28), 바울은 이와 같은 이미지를 고린도전서 15장 35-49절에서 사용했다. 시편 23편은 그리스도인의 죽음을 골짜기 사이를 안전하게 걸어가는 것, 아버지의 집에 들어가는 것, 아버지와 영원히 함께 사는 것으로 묘사한다.

밝은 빛을 봤다거나 두려움이 사라졌다는 구원받지 않은 사람들의 임사체험담에도 불구하고 그들에게 죽음은 "공포의 왕"이다(욥 18:14). 욥기 18장을 읽고 마음에 새기기를 권면한다. 예수 그리스도의 부활이 선포하는 것은 예수님이 유일한 구주일 뿐만 아니라 심판관이 되신다는 사실이다. "이는 정하신 사람으로 하여금 천하를 공의로 심판할 날을 작정하시고 이에 그를 죽은 자 가운데서 다시 살리신 것으로 모든 사람에게 믿을 만한 증거를 주셨음이니라"(행 17:31).

우리는 죽음의 실재를 부정하는 세상에서 살고 있다. 사람들은 죽음에 대해서 '고인이 되었다'거나, '떠나갔다' 또는 '우리를 떠났다'라는 식으로 표현한다. 죽은 자들은 묻힌 것이 아니라 '안식을 취한다'거나 '영면한다'고 한다. 하지만 그렇게 표현한다고 해서 본질이 달라지는 것은 아니다. 사람은 죽는다. 히브리서 9장 27절은 이렇게 말한다. "한 번 죽는 것은 사람에게 정해진 것이요 그 후에는 심판이 있으리니." 그러나 예수 그리스도를 믿는 사람은 "영생을 얻었고 심판에 이르지 아니하나니 사망에서 생명으로 옮겼느니라"(요 5:24). 부활이다!

"산 소망"에 사로잡힌 그리스도인들은 '소망이 가득한 삶'을 경험하게 될 것이다. 이 소망이 그들에게 믿음과 힘을 공급해주어 그들이 싸움을 싸우고 짐을 지며 삶이 힘들 때 계속해서 나아갈 수 있도록 해준다. 그뿐 아니라 이 소망으로 인해 다른 사람들을 격려하며 그들의 짐을 나누어지기까지 한다. 삶이 아무리 힘들다고 해도 예수님이 마지막 원수인 사망을 이기셨음(히 2:9-15)과, 사망이 자신들을 다스릴 수 없음(고전 15:50-58)을 안다. 이제는 천국에 있는 내 친구 조 베일리(Joe Bayly)는 이런 글을 썼다. "죽음은 최고의 모험으로 달 착륙과 우주여행도 그 옆에 갖다 대면 하찮게 보인다."

이것이 예수 그리스도가 자기 백성들에게 "부활이요 생명"이 되시는 이유이다. '마르다와 같은 정신'을 가지고서 부활을 신조의 교리나 하나님의 달력에 표시되어 있는 미래에 일어날 이벤트의 하나로 간주하지 말자. 예수 그리스도 안에서 우리가 "새 생명"으로 살듯이(롬 6:4), 그리스도의 부활의 능력은 바로 오늘 우리가 경험해야 하는 것이다.

08

길과 진리
그리고 생명

내가 곧 길이요 진리요 생명이니 나로 말미암지 않고는 아버지께로 올 자가 없느니라. - 요한복음 14:6

내가 성실한 길을 택하고 주의 규례들을 내 앞에 두었나이다. - 시편 119:30

어떤 길은 사람이 보기에 바르나 필경은 사망의 길이니라. - 잠언 14:12

그러나 진리의 성령이 오시면 그가 너희를 모든 진리 가운데로 인도하시리니. - 요한복음 16:13

살리는 것은 영이니 육은 무익하니라 내가 너희에게 이른 말은 영이요 생명이라. - 요한복음 6:63

다른 이로써는 구원을 받을 수 없나니 천하 사람 중에 구원을 받을 만한 다른 이름을 우리에게 주신 일이 없음이라. - 사도행전 4:12

하나님은 한 분이시요 또 하나님과 사람 사이에 중보자도 한 분이시니 곧 사람이신 그리스도 예수라 그가 모든 사람을 위하여 자기를 대속물로 주셨으니. - 디모데전서 2:5-6

내가 오늘… 생명과 사망과 복과 저주를 네 앞에 두었은즉 너와 네 자손이 살기 위하여 생명을 택하고 네 하나님 여호와를 사랑하고 그의 말씀을 청종하며 또 그를 의지하라 그는 네 생명이시요. - 신명기 30:19-20

...

성경에는 많은 작별 인사들이 기록되어 있다. 가장 긴 작별 인사를 한 사람은 모세인데 신명기 33장에 걸쳐 작별을 고하고 있다. 가장 짧은 작별 인사를 한 사람 가운데 한 명인 바울의 작별 인사는 사도행전 20장 13-35절에 기록되어 있다. 장소를 막론하고 모든 작별 인사 가운데 가장 심오한 것은 당연히 우리 주님이 다락방에서 하신 담화로 요한복음 13-16장에 기록되어 있다. 이 말씀은 읽고 또 읽고 묵상해도 언제나 새로운 무언가를 얻게 되는 말씀이다.

예수님이 이 말씀을 하신 이유는 자신이 떠나기 앞서 제자들을 준비시키시려는 것이었다. 예수님이 천국으로 가신 후에는 그분의 사역을 계속해서 이어나갈 특권과 책임이 결국 제자들의 몫이었기 때문이다. 먼저, 예수님은 그들을 가르치셨고(요 13-16장), 그 다음에 그들을 위해 기도하셨으며(요 17장), 그런 후에 가셔서 제자들과 우리를 위해 죽으셨다. 오순절에 성령이 오셔서 믿는 자들에게 권능을 주셨고(행 2장), 그날 베드로의 설교로 인해 3천 명이 그리스도께로 돌아오는 역사가 일어난다.

아마도 마가 다락방의 담론에서 가장 중요한 단어는 '아버지'가 아닐까 하는데 무려 53번이나 나온다. (그 단어는 요한복음에서 100번 넘게 사용되었다.) 예수님은 하나님 아버지께 이렇게 말씀하셨다. "세상 중에서 내게 주신 사람들에게 내가 아버지의 이름을 나타내었나이다"(요 17:6). 여기서 예수님이 말씀하신 그 이름은 아마도 "아버지"였을 것이다. 구약에서는 하나님을 "아버지"라고 지칭하는 경우를 찾기 어렵다.[1]

예수님은 길과 진리 그리고 생명이시기에 그분이 사람들의 마음에 역사하실 수 있는 것이다.

마음의 근심

요한복음 14장 1절과 27절, 16장 6절과 20-22절에 나오는 근심이라는 단어는 마가의 다락방의 분위기가 심각하고 진지했다는 것을 보여 준다. 비록 그날 밤에 일어나고 있는 모든 일을 제자들이 완전히 이해하지 못했다고 할지라도 염려할 정도의 눈치는 챈 그들은 몇 가지 이유로 근심했다. 우선, 주님은 떠나실 예정이었지만 자신들에게 남겨진 일에 대해 자신감이 없었기에 그들은 슬펐다. 더구나 예수님은 배신자가 식탁에 함께 앉아 있다고 말씀하셨기에 그들은 그 배신자가 과연 누구일지 궁금했다. 또한 베드로가 예수님을 세 번이나 부인하리라는 말씀에도 충격을 받았다. 자신들이 리더로 여겼던 베드로, 담대하며 충성스런 제자인 그마저 주님을 실망시키게 된다면 나머지 사람들은 어떻게 할 것인가 말이다.

오늘날 우리도 삶에서 그와 같은 종류의 슬픔을 느낀다. 때로는 주님이 우리를 버리셨다고 느낄 때도 있고, 혹은 우리 능력 밖의 일을 주셨다고 느낄 때도 있다. 때로는 친구나 동료가 배신할 때도 있고, 존경하는 사람이 우리를 실망시킬 때도 있다. 이러한 경험들은 상처를 주는데, 바로 우리 자신이 그런 사람일 때면 가장 큰 상처가 된다.

우리 주님은 제자들에게 아버지에 대해 말씀하시면서 그들의 마음에 확신을 주셨다. 예수님은 제자들에게 자신이 아버지께 영광을 돌리기 위해 오셨다고 말씀했고(요 8:49), 그날 밤 그들이 하나님을 섬길 때 성령이 인자에게 영광을 돌릴 것이라고 말씀하셨다(16:14). 자녀들은 부모가 힘을 주고 도와주기 위해 있음을 알기에 문제가 생기면 부모를 찾는다. 이와 마찬가지로, 우리 하나님 아버지도 우리를 돌보아주신다. 빌립이 예수님께 아버지를 보여달라고 하자 주님은 이렇게 대답하셨다. "나를 본 자는 아버지를 보았거늘"(14:9).

이 말씀은 요한복음 14장 6절에 나오는 유명한 구절을 더 잘 이해하도록 도와준다. 예수님은 길이시기에 믿는 자들을 아버지의 집으로 데려가신다. 예수님은 진리이시기에 아버지의 마음을 보여주신다. 예수님은 생명이시기에 아버지를 우리에게 모셔오셔서 우리가 그분의 도움을 받게 하신다. 예수님은 길이시기에 예수님을 믿음으로 우리는 아버지의 집을 향한 순례의 길을 시작한다. 순례의 길을 가는 동안 예수님과 아버지에 대한 진리를 더 많이 배우게 된다(벧후 3:18). 우리는 예수님의 생명에 동참하며 그분의 뜻에 순종하기에 길과 진리를 모두 누릴 수 있다. 예수님이 말씀하셨다. "사람이 나를 사랑하면 내 말을 지키리니 내 아버지께서 그를 사랑하실 것이요 우리가 그에게 가서 거처를 그와 함께하리라"(요 14:23). 영국의 설교가 찰스 스펄전(Charles Spurgeon)은 이렇게 말했다. "작은 믿음은 당신의 영혼을 천국으로 인도할 것이지만, 큰 믿음은 천국을 당신의 영혼으로 가져다준다."

예수님은 길이시다. 천국으로 향하는 유일한 길이기에 천국은 우리의 마지막 집이다. 어떠한 상황 가운데 처할지라도 아버지의 집에 갈 것임을 알기에 우리는 계속 전진할 힘을 얻게 된다. 순회 목회를 계속해온 우리 부부는 교회나 집회의 마지막 모임을 마치고 떠날 때마다 잔잔한 기쁨을 경험하는데 그것은 우리가 집으로 돌아가기 때문이다. 비행기가 지연되거나 악천후로 운전하기 어려울 때도 우리의 기쁨은 줄어들지 않는다. 집으로 가고 있기 때문이다. 무디신학교의 전 학장인 제임스 그레이(James M. Gray)는 이 주제로 찬송가를 지었다. "집으로 가고 있을 때면 아무런 걱정이 없다네." 초대교회에서 예수님 안에 있는 생명에 대한 진리는 종종 "길"로 불렸다(행 16:17, 18:25-26, 19:9, 23, 22:4, 24:14, 22, 벧후 2:21).

천국은 예수님께 실재였기에 요한은 자신이 쓴 복음서에서 이러한 사실을 강조했다. 아버지께서 하늘로부터 예수님을 보내셨다는 문구는 요한복음에서 38번이나 나온다. 예수님은 요한복음 6장에서만 "하늘에서 내려온 것은"이라는 말씀을 7번이나 하셨다. 예수님께 하늘은 어떤 이들이 주장하듯이 마음의 상태가 아니라 실존하는 장소였다. 예수님은 하늘을 "내 아버지 집"이라고 불렀는데(14:2, 참고 시 23:6), 하늘은 하나님의 가족들을 위한 사랑의 집이라는 의미에서 그렇게 불렀던 것이다.

　수많은 하나님의 백성들이 누군가가 죽을 때만 천국을 생각하는 것은 안타까운 일이다. 천국에 대한 확신은 날마다 우리의 삶 속에서 강력한 동기 부여가 되어야 한다. 아브라함을 비롯한 족장들은 이 땅 위에 있는 도성들을 등지고 하늘의 도성을 바라보았고, 그로 인해 계속해서 힘을 얻을 수 있었다(히 11:8-10, 13-16). 다윗 왕은 하늘에서 주님을 만날 것을 알았기에 힘을 얻었고(시 17:15, 23:6), 예수님은 장차 다가올 기쁨을 생각하며 십자가의 고통을 견디실 수 있었다(히 12:1-2, 참고 유 24절). 예수님이 길이라는 것을 알고 천국에 대한 기대가 우리의 생각과 마음을 사로잡으면 유혹의 부추김, 고통과 슬픔의 짐이 줄어들거나 때로는 사라지게 된다.

　만일 우리가 잘못된 길을 선택하면, 아버지께 가까이 다가가지 못하게 되고 아버지가 우리에게 주기 원하시는 축복을 잃어버리게 된다. "복 있는 사람은 악인들의 꾀를 따르지 아니하며 죄인들의 길에 서지 아니하며 오만한 자들의 자리에 앉지 아니하고 오직 여호와의 율법을 즐거워하여 그의 율법을 주야로 묵상하는도다"(시 1:1-2). 하나님의 온전한 축복을 원한다면 우리가 가는 길을 결코 말씀으로부터 분리해서는 안 된다. "죄인들의 길에 선다"는 것은 패배를 뜻하지만, "성령과 함께 길을 간다"는 것은 승리와 축복을 의미한다.

　예수님은 진리이시고 그분의 말씀은 진리의 말씀이다(요 17:17). 그래서 우리는 성경에서 예수님을 만나고 우리의 여정을 위한 위로와 힘을 얻을 수 있다. 성숙해가는 신자라면 매일 말씀을 읽고 그 진리를 묵상하는 데 시간을 들이며 그렇게 함으로써 아버지의 마음에 가까이 가고 힘을 얻는다. 나도 사역을 하면서 여러 번 마치 누군가가 내 등에 과녁을 그려놓고 사람들이 그 과녁을 향해 마구 총을 쏘아대는 것 같은 시기도 있었지만, 그럴 때마다 말씀을 펼치고 성령께 내게 필요한 진리를 주실 것을 간구하면 단 한 번도 그 필요를 채워주시지 않았던 적이 없었다. 메리 래스베리(Mary A. Lathbury)의 찬송가 가사는 내 경험을 정확히 묘사해준다. "주 예수님 내 맘에 오사 날 붙들어 주시고 내 마음에 새 힘을 주사 늘 기쁘게 하소서."

사도행전에서 바울의 서신들과 설교들을 읽을 때면, 우리는 그가 자주 성경을 언급하거나 성경 말씀을 인용하는 것을 보게 된다. 그것은 그가 하나님의 말씀에 흠뻑 젖어 있는 사람이었기 때문이다. 나는 바울이 수많은 스트레스와 위험을 견뎌낼 수 있었던 비결 가운데 하나가 바로 그 때문이라고 믿는다. 로마의 신자들에게 그는 이렇게 쓰고 있다. "무엇이든지 전에 기록된 바는 우리의 교훈을 위하여 기록된 것이니 우리로 하여금 인내로 또는 성경의 위로로 소망을 가지게 함이니라"(롬 15:4). 말씀을 믿음으로 받게 되면 이처럼 힘과 인내와 소망을 주는 교훈을 얻게 된다.

시편 119편을 쓴 기자는 성경에서 힘을 얻는 축복을 알고 있었다. "나의 영혼이 주의 구원을 사모하기에 피곤하오나 나는 주의 말씀을 바라나이다 나의 말이 주께서 언제나 나를 안위하실까 하면서 내 눈이 주의 말씀을 마라기에 피곤하니이니 내가 연기 속의 가죽 부대같이 되었으나 주의 율례들을 잊지 아니하나이다"(81-83절). 당신이 만일 "연기 속의 가죽 부대"라면 어떤 느낌이 들겠는가? 낡은 가죽 부대들은 보통 창고의 서까래에 걸려 있는데 불과 연기로 인해 갈라지고 건조하고 더러워지면 사람들은 낡은 가죽 부대를 하찮게 여겨 다시는 사용하지 않았을 것이다. 이처럼 시편 기자는 자신이 무시당하고 필요 없는 존재이고 못생기고 값싼 존재처럼 느껴졌던 것이다. 누가 나를 상관할까? 누가 나를 원할까? 나는 가치 없는 존재야!

신약성경뿐 아니라 구약성경을 통해서도 예수님을 만날 수 있다는 것을 깨달았던 순간은 내 인생에서 근사한 시간이었다. 신약성경에서 구약성경으로 앞뒤 참고를 해나가거나 그 반대로 구약에서 신약으로 참고를 하던 나는 성경의 모든 페이지에서 내 구주를 만날 수 있었는데, 그것은 얼마나 큰 축복이었는지 모른다! 예수님은 아브라함과 교제하며 그에게 조언을 하셨다(창 18장). 여리고 성 전쟁을 앞두고는 여호수아를 만나주셨다(수 5:13-15). 룻을 향한 보아스의 사랑에 대해 읽으면 우리를 향한 예수님의 사랑을 알게 되고, 다니엘의 세 친구가 풀무 안에 있을 때는 그 속에 임재하심으로 우리를 보살피시는 것을 보여주셨다(단 3장). 이사야는 영광의 보좌에 앉으신 예수님의 모습을 보았을 뿐만 아니라(사 6장) 십자가에 달린 예수님도 보았다(53장). 다윗은 높임을 받은 아들로서의 예수님(시 2편)과 사랑의 목자 되신 예수님(23편)을 경배했다.

예수님은 아버지 집으로 가는 길일 뿐 아니라 아버지 마음의 진리가 되신다. 또한 우리가 주님 안에 거하며 주님의 생명을 나눌 때면 아버지의 도움을 공급해주신다. 하나님의 은혜와 권능이 우리를 도와주며 지켜주지 못하는 곳으로 결코 인도하는 법이 없다는 것이 바로 하나님의 뜻이다. 진리와 생명은 언제나 함께한다. 진리로 인해 우리는 성령 안에서 생명과 권능을 경험할 수 있기 때문이다. "우리가 하나님께 끊임없이 감사함은 너희가 우리에게 들은 바 하나님의 말씀을 받을 때에 사람의 말로 받지 아니하고 하나님의 말씀으로 받음이니 진실로 그러하도다 이 말씀이 또한 너희 믿는 자 가운데에서 역사하느니라"(살전 2:13).

이 말씀은 성경에 대해 참으로 많은 것을 가르쳐준다. 하나님의 말씀은 우리가 하나님으로부터 받은 선물이기에 그 말씀을 받은 우리는 하나님께 감사드리는 것이 마땅하다. 성경에 대해 그리 감사하지 않는 그리스도인들은 성경을 묵상하는 일에 많은 시간을 보내지 않는 이들이다. 우리가 기억해야 할 것은 성경은 하나님의 말씀이고 살아 있으며 권능이 있다는 사실이다(히 4:12). 말씀을 믿으며 말씀에 순종할 때 우리 안에서 우리를 통해 하나님의 권능이 역사하시며, 하나님의 목적을 이루어가신다. 하나님이 우리에게 그분의 말씀을 주신 까닭은, 그저 우리가 그 말씀을 다른 사람들에게 설명하기 위해서가 아니라 우리 자신이 말씀을 경험하고 다른 사람들이 우리를 통해 주님을 볼 수 있도록 말씀대로 살기 위함이다. 우리가 말씀을 받으며 주님을 섬길 때 그 말씀은 우리 삶에서 육신이 되어야만 한다(요 1:14). "너희는 말씀을 행하는 자가 되고 듣기만 하여 자신을 속이는 자가 되지 말라"(약 1:22).

기독교는 신조나 조직이나 종교적 체계가 아니다. 기독교는 우리로 하여금 점점 더 예수 그리스도를 닮아가게 하는, 사람들 속에 존재하는 하나님의 생명이다. "하나님이 우리에게 영생을 주신 것과 이 생명이 그의 아들 안에 있는 그것이니라 아들이 있는 자에게는 생명이 있고 하나님의 아들이 없는 자에게는 생명이 없느니라"(요일 5:11-12). 여기에서 핵심이 되는 진리는 바로 성육신(incarnation)으로 "내 안에 그리스도께서 사시는 것"(갈 2:20)을 뜻한다. 하나님의 아들, 하나님의 말씀, 하나님의 은혜, 하나님의 성령은 그저 우리를 격려하시는 것에서 그치는 것이 아니라 우리에게 권능을 주신다. "그러나 내가 나 된 것은 하나님의 은혜로 된 것이니"라고 바울은 고백했다. "내게 주신 그의 은혜가 헛되지 아니하여 내가 모든 사도보다 더 많이 수고하였으나 내가 한 것이 아니요 오직 나와 함께하신 하나님의 은혜로라"(고전 15:10).

어떤 사람들은 이것을 두고 '보다 깊은 삶'이라 하고, 다른 사람들은 '보다 높은 삶', '승리하는 그리스도인의 삶' 또는 '변화된 삶'이라고 한다. 어떻게 부르든 그 삶은 우리가 길이신 예수님을 따르고, 진리이신 예수님을 믿으며, 생명이신 예수님께 순종할 때 우리 안에서 그리고 우리를 통해 역사하시는 하나님의 생명임이 분명하다. 그것은 에베소서 3장 20-21절이 의미하는 삶으로, 그 말뜻 그대로를 믿고 그것을 행동으로 옮기는 삶이다. "우리 가운데서 역사하시는 능력대로 우리가 구하거나 생각하는 모든 것에 더 넘치도록 능히 하실 이에게 교회 안에서와 그리스도 예수 안에서 영광이 대대로 영원무궁하기를 원하노라."

우리 모두 이 말씀에 바울처럼 "아멘!"이라고 외치자. 그러면 우리의 삶도 그렇게 변화될 것이다.

마음의 열매

사도들은 사역을 성공적으로 해나갔고 예루살렘, 유대, 사마리아와 이방 땅에 교회가 세워졌다(행 1-10장). 내부적으로는 이단의 시비와 외부적으로는 박해가 있었지만 하나님의 백성들은 계속해서 복음을 전파했다. 수많은 믿음의 선조들이 신실했기에 오늘날 이 세상에 교회가 존재하게 되었다. 원수는 교회를 이기지 못했으며 주님은 계속해서 그분의 교회를 세우신다.

그런데 그것은 어떤 종류의 교회일까? 오늘날 서구에 있는 대부분의 교회는 사도행전에서 묘사된 역동적인 교제가 사라진 교회들이다. 예루살렘에서 믿는 자들은 함께 모여서 연합된 교제 가운데 거했으나(행 2:44), 오늘날 우리는 나뉘어지고 경쟁적이 되어버렸다. 초대교회 교인들은 그들의 삶과 행한 선한 일들로 주목받았고, 날마다 그들이 전하는 복음을 듣고 구주를 믿는 사람들이 있었다. 초대교회 신자들에게는 오늘날 우리가 자랑하는 현대적인 미디어나 광고 기술이 없었지만 복음은 퍼져나갔고 교회는 성장했다.

우리는 행동과 말, 일에서 예수님을 드러내 보임으로써 우리를 지켜보는 세상 앞에서 하나님께 영광을 돌리게 된다. 그런데 이것이 그리스도인이 된다는 것을 의미한다면, 우리는 어디서부터 무언가가 잘못되었음이 틀림없다. 대부분의 '기독교 행사'는 '교회'라고 불리는 건물 안에서 행해지고, 우리는 집과 시장 혹은 정치 권력의 중심부에서 주님이 임재하시는 증거를 잘 보지 못한다. 통계 전문가들에 따르면, 신앙 고백을 한 그리스도인들과 교회 밖에 있는 불신자들의 이혼율에 아무런 차이가 없다고 한다. 복음주의 지도자들을 포함해서 교계 지도자들의 부도덕성으로 인해 우리는 부끄러워하고 있으며, 심지어는 사람들의 돈을 강탈하는 '기독교 사기'도 판을 친다. 초대교회도 물론 이러한 일들과 싸워야 했지만 오늘날 우리는 그런 일들이 너무 자주 일어나지 않기만을 바랄 정도가 되어버렸다.

나는 그리스도인들이 세상의 정신적, 영적 어둠에 대해 불평하는 소리를 듣는다. 하지만 그곳에 빛이 좀 더 있다면, 빛이 되는 그리스도인들이 좀 더 있다면 어둠은 조금이라도 줄어들 것이다. 전문가들은 우리 사회가 썩어가고 있다고 말하고 나는 그 말을 믿는다. 하지만 우리에게 소금이 좀 더 있다면, 소금 같은 그리스도인들이 좀 더 있다면 부패는 줄어들 것이다. "정의가 뒤로 물리침이 되고 공의가 멀리 섰으며 성실이 거리에 엎드러지고 정직이 나타나지 못하는도다"(사 59:14). 우리에게 끔찍한 교통 체증이 있는데 경찰과 법정이 그 문제를 해결하지 못하는 셈이다. 문제는 바로 우리 자신, 하나님의 사람들에게 있다. "하나님의 집에서 심판을 시작할 때가 되었나니"(벧전 4:17).

우리에게 필요한 것은 부흥(revival)이다. 부흥이라는 말은 오래된 것으로 요즘 사용하기에는 부적절할지도 모른다. 이 말은 '연례 부흥 사경회'라는 의미로 쓰일 때를 제외하고는 이제 그리스도인 사이에서 많이 사용되지 않는다. 하지만 내가 의미하는 '부흥'은 하나님의 사람들 사이의 '새 삶, 새롭게 된 삶'을 뜻한다. 우리가 '축복'이라고 말하는 모든 것들이 하나님으로부터 온 것은 아니다. 너무나 자주 그것은 하나님의 영이 아니라 재능 있는 사람의 노력에서 기인하고 있다. 사람들은 칭찬을 받으나 하나님은 영광을 받지 않으신다. 초대교회 사람들은 하나님을 경외함으로 "두려워하는데"(행 2:43), 오늘날 우리는 언제나처럼 다람쥐 쳇바퀴 같은 교회 영업 속에 그저 안주하고 만다.

하나님이 주시는 진정한 축복이란, 하나님께 영광이 되고 우리의 필요를 채워주기 위해 하나님이 주시거나 말씀하시는 무언가로, 언제나 말로 설명할 수 있는 것은 아니다. 전혀 기대하지 않았는데 제때에 딱 맞춰 필요했던 돈이 생기는 것. 만나기를 간절히 바랐던 사람이 우연히 커피를 마시러 들어간 곳에 앉아 있는 것. 찾아 헤맸던 옛날 책이 계획 없이 들른 한 중고 책방의 선반에 놓여 있는 것. 당신은 이런 일들을 '작은 기적'이라고 말할지 모르겠지만 그런 일들로 주님께 영광을 돌린다면 그것은 큰 기적이 된다. 내가 그것을 확신하는 이유는 바로 그 모든 일들이 내 삶에서 일어났기 때문이다. 밥 쿡(Bob Cook)은 십대선교회(Youth for Christ) 사역을 하면서 늘 우리에게 이렇게 상기시켜주곤 했다. "만일 무슨 일이 일어나고 있는지 설명할 수 있다면, 그것은 하나님이 하신 일이 아니다."

요한복음 14장 6절로 돌아가서 내 친구인 짐 심발라(Jim Cymbala) 목사가 "새로운 바람, 새로운 불"이라고 부르는, 하늘로부터 오는 새 삶의 간절한 필요를 느껴보자.

부흥을 위한 하나님의 비법 가운데 하나는 시편 1편 1-3절에 나온다. 그 말씀은 하나님이 축복하고 사용하시는 사람의 유형에 대해 묘사하는데 이 묘사는 요한복음 14장 6절에 나오는 주님의 말씀과 잘 맞아떨어진다.

예수님은 길이다.

복 있는 사람은
악인들의 꾀를 따르지 아니하며
죄인들의 길에 서지 아니하며
오만한 자들의 자리에 앉지 아니하고

예수님은 진리다.

오직 여호와의 율법을 즐거워하여
그의 율법을 주야로 묵상하는도다

예수님은 생명이다.

그는 시냇가에 심은 나무가
철을 따라 열매를 맺으며
그 잎사귀가 마르지 아니함 같으니
그가 하는 모든 일이 다 형통하리로다

하나님의 축복을 받으려면 우리는 순종하는 사람들이 되어서 하나님이 축복하실 수 있는 사람이 되어야만 한다. "여호와 하나님은 해요 방패이시라 여호와께서 은혜와 영화를 주시며 정직하게 행하는 자에게 좋은 것을 아끼지 아니하실 것임이니이다"(시 84:11). 우리는 요한이 말한 것처럼 "육신의 정욕과 안목의 정욕과 이생의 자랑"(요일 2:16)으로 가득한 세상으로부터 분리되어서 주님과 그분의 백성들과 동행해야 한다. 하지만 악한 자들과 죄인들과 하나님의 것을 모방하는 자들이 우리의 마음과 생각에 영향력을 끼친다면 하나님의 축복을 잃어버리게 될 것이다. 만일 우리가 빛이 아니라 그림자나 어둠 속에서 걷고 있으면서 그것을 속인다면 하나님이 축복하실 수 없다(5-10절). 우리가 마음으로 죄 가운데 거하면서 그것을 위해 아무런 노력도 하지 않는다면 하나님은 우리의 기도를 듣지 않으신다. "내가 나의 마음에 죄악을 품었더라면 주께서 듣지 아니하시리라"(시 66:18).

어느 날 내 친구 목사가 전화로 이렇게 말했다. "다음 주일 오후에 우리 교회를 위해 꼭 기도해주기를 부탁하네. 우리 교회에서 죄 고백과 기도를 위해 진지한 집회를 가질 걸세. 교회 내에 무언가 잘못된 것이 있는 듯한데 오직 주님만이 그것을 들추어주시고 깨끗하게 하실 수 있는 분이지 않나." 기도 요청을 받은 수백 명의 사람들과 함께 우리는 그와 그 교회를 위해 기도했다. 나중에 그들이 구하고 있던 축복을 하나님이 허락하셨다는 이야기를 들을 수 있었다.

언젠가 어느 설교자가 이렇게 말하는 것을 들은 적이 있다. "오래전에 우리는 세상으로부터 분리되어야 한다는 설교들을 듣곤 했지만 오늘날 우리는 그런 설교를 하지 않습니다. 우리는 한층 성숙해졌기에 이제는 그런 설교 따위는 필요하지 않아요." 예배 후에 나는 그에게 이렇게 말하고 싶었다. "당신이 말한 '그런 설교 따위'가 교회를 교회답게 만들었습니다. 참 신자들과 승리하는 영혼들을 배출하는 교회 말입니다." 하나님의 말씀은 지금도 이렇게 말씀하신다. "너희는 믿지 않는 자와 멍에를 함께 메지 말라 의와 불법이 어찌 함께하며 빛과 어둠이 어찌 사귀며"(고후 6:14-18을 보라). 사람들이 좋아하든 그렇지 않든 성경은 우리에게 세상과 타협하는 것에 대한 위험을 분명히 경고한다. "간음한 여인들아 세상과 벗된 것이 하나님과 원수 됨을 알지 못하느냐 그런즉 누구든지 세상과 벗이 되고자 하는 자는 스스로 하나님과 원수 되는 것이니라"(약 4:4). 세상과 벗하는 것은 곧바로 "세속에 물"드는(1:27) 상태가 되고 머지않아 "세상을 사랑하기"(요일 2:15-17) 시작한다. 이런 성향은 결국 우리를 "이 세대를 본받"(롬 12:1-2)는 자들로 만들고 만다.

만일 회개하고 하나님의 용서를 구하지 않는다면, 우리는 "세상과 함께 정죄함을 받지 않게" 주께 징계를 받게 될 것이다(고전 11:32).

이러한 순서가 정말 그대로 진행되는지에 대한 확증을 원한다면 롯의 삶을 살펴보라. 아브라함의 조카 롯은 하나님을 알고 언약의 축복에 참여할 수 있는 기회를 얻었지만 자신의 장막을 소돔 가까이로 옮겼고(창 13:10-13), 얼마 지나지 않아 아예 소돔으로 이주하고 말았다(14:1-16). 아브라함이 그를 한 번 구했으나 그는 금새 소돔으로 되돌아갔다(19:1). 하나님이 소돔을 멸망시키려고 하셨을 때 롯과 그의 가족을 구하시려 두 천사를 보내셨고, 천사들은 롯과 그의 아내와 두 딸의 손을 잡고 안전한 곳으로 끌어내다시피 했다(19장). 하나님이 소돔 성을 멸하셨을 때 롯은 모든 것을 잃고 말았다. 바울은 이러한 구원을 두고 "불 가운데서 받은 것"과 같다고 말했다(고전 3:15).

오늘날 어떤 철학은 교회가 좀 더 세상을 닮아서 세상이 교회에 매력을 느끼고 끌려와야 한다고 주장한다. 그러나 이러한 주장은 성경에서 나온 것이 아니다. 우선, 초대교회 교인들에게는 사람들을 이끌어올 수 있는 교회 건물이 없었다. 그들에게 주어진 명령은 사람들이 있는 곳으로 가서 예수님을 전하는 것이었다. 교회가 세상을 덜 닮으면 닮을수록 세상은 교회에 점점 더 끌리게 될 것이다. 당신이 남들과 다르다면 사람들을 끌겠지만, 당신이 그저 이상하기만 하다면 사람들을 끌 수 없다. 싸구려 모조품은 사람들의 비웃음만 사게 된다. 불신자들은 그리스도인들이 다를 것으로 기대한다. 불신자들이 교회에 오면, 그들은 하나님께 초점을 맞춘 예배를 기대하고, 자신이 종교풍의 나이트클럽에 와 있는 듯한 느낌을 갖기를 원하지 않는다.

이러한 사실은 하나님의 축복의 또 다른 필수 요건으로 우리를 인도한다. 그것은 바로 하나님의 말씀 안에서 계속해서 기뻐하는 것이다. 예수님은 진리이시기 때문이다. 하나님이 축복하시는 사람들은 단순히 성경을 읽는 것에 그치지 않는다. 그들은 말씀을 묵상하며 그 말씀을 즐거워한다. 하나님의 말씀은 씨앗이기에(눅 9:11) 마음에 심기우고 자라게 되면 - 바로 이때가 묵상이 필요한 때이다 - 뿌리를 내리고 성장하고 열매 맺게 된다. 그리스도인이라도 말씀을 무시하고 최소한의 관심만 가진다면 열매를 맺을 수 없게 되고, 따라서 다른 사람들에게 그다지 축복이 되지 못한다.

하나님의 말씀에 온전히 순복한 사람이 시편 119편을 기록했기에 그 시편의 거의 모든 구절에는 하나님의 말씀에 대한 언급이 있다. 언젠가 나는 시편 119편을 천천히 읽어가면서 하나님의 진리가 시편 기자에게 얼마나 큰 의미였는지를 말하기 위해 그가 사용한 이미지를 목록으로 만들어보았다. 내가 발견한 것은 그가 음식(103절),[2] 재물(14, 72, 127, 162절), 잠(55, 62, 147-148, 164절), 심지어는 친구(51, 95, 115절)보다 하나님의 말씀을 더 즐겼다는 사실이다! 이 구절들을 찾아 그것들에 대해 생각해보고 자신에게 물어보라. "나는 과연 하나님의 말씀을 그 정도로 사랑하는가?"

즐거워하는 것을 위해서라면 우리는 기꺼이 희생한다. 만일 우리가 하나님의 말씀을 즐기워한다면 다윗처럼(시 57:8, 108:2) 그리고 예수님처럼(사 50:4, 막 1:35) 매일 아침 잠을 기꺼이 희생하고 깨어 있을 것이다. 그리고 성경공부 교재를 사기 위해 기꺼이 돈을 쓸 것이다. 만일 하나님의 진리를 증거하고 순종했기 때문에 친구 몇 명을 잃어버린다고 해도 우리는 그들을 위해 기도하며 하나님이 새로운 친구를 주실 것을 신뢰할 것이다(시 119:63, 74, 79). 우리가 성경을 대하는 깊이는 우리가 예수님을 대하는 깊이와 같다. 예수님은 살아 계신 말씀이며 기록된 말씀의 주제이시기 때문이다.

예수님은 생명이시기에 그 안에 거하게 되면 우리가 섬기고 순종하는 데 필요한 은혜와 능력을 받게 된다. 여기에서 보이는 이미지는 열매 맺는 나무의 이미지로 예수 그리스도를 신실하게 따르는 자들의 의미 있는 그림이다. 오늘날 세상에서 많은 신자들이 그리는 이상적인 이미지는 "속임수와 간사한 유혹에 빠져 온갖 교훈의 풍조에 밀려 요동하"(엡 4:14)는 엉겅퀴의 이미지일지도 모른다.

건강한 나무는 뿌리를 깊이 내리고 안정감이 있으며 아름답고 열매를 맺는 유용한 나무이다. 그 뿌리는 하나님이 공급하시는 시냇물까지 뻗어 있기에 믿는 자들은 성령의 생수를 빨아올려서(요 7:37-38), "그(그리스도) 안에 뿌리를 박으며 세움을" 받을 뿐 아니라(골 2:7) "사랑 가운데서 뿌리가 박히고 터가 굳어"진다(엡 3:17). 활발한 뿌리는 자양분을 나무의 몸통과 가지에 전달해서 나무가 위로 향해 뻗어갈 때 군건히 세워준다. 잎은 햇볕을 받아 살아 있는 식물의 조직으로 바꾸어줌으로 계절이 이르면 과실을 맺게 한다.

나무의 가장 중요한 부분은 뿌리지만 아무도 뿌리를 볼 수 없다. 그처럼 신자의 삶에서 가장 중요한 부분인 '뿌리'는 하나님만 보실 수 있다. "너는 기도할 때에 네 골방에 들어가 문을 닫고 은밀한 중에 계신 네 아버지께 기도하라 은밀한 중에 보시는 네 아버지께서 갚으시리라"(마 6:6). 그 시간이 아침이든 저녁이든, 너무 바빠서 하나님과 함께하는 시간을 가질 수 없다는 하나님의 자녀를 나는 부러워하지 않는다.

나무는 자신을 섬기기 위해서가 아니라 다른 이들을 위해서 산다. 그것이 바로 모든 그리스도인이 삶에서 지향해야 하는 태도이다. 나무는 자기 열매를 먹지 않고 그것을 우리에게 준다. (풍성한 결실에 대해서는 뒤에서 다시 이야기하겠다.) 나무는 햇볕 아래 버티고 서서 나그네에게 시원한 그늘을 공짜로 제공해준다. 가을이 되면 나무에서 떨어지는 잎은 땅을 기름지게 하며, 1년 내내 그 뿌리는 땅을 단단하게 붙잡아주는 역할을 한다. 나무는 건강해서 잎이 시들거나 죽지 않고 풍성하게 된다. 나도 사역을 하면서 하나님의 '나무들'이 점점 말라가는 것을 지켜봐야 했던 적이 있다. 교인들과 나는 그들의 영적 건강을 되찾기 위해서 많은 일을 했지만 폭풍이 오자 그들은 결국 쓰러져버렸다.

"그가 하는 모든 일이 다 형통하리로다"라는 구절은 하나님이 축복하실 수 있는 자들의 삶에 하나님이 보내시는 축복을 가리킨다. 이 구절은 신명기 29장 9절 말씀과 대칭이 된다. "너희는 이 언약의 말씀을 지켜 행하라 그리하면 너희가 하는 모든 일이 형통하리라." 거룩한 요셉은 형통했고(창 39:2), 여호수아와(수 1:8), 다니엘도 형통했다(단 6:28). 이사야도 비슷한 이미지를 말하고 있다. "여호와가 너를 항상 인도하여 메마른 곳에서도 네 영혼을 만족하게 하며 네 뼈를 견고하게 하리니 너는 물 댄 동산 같겠고 물이 끊어지지 아니하는 샘 같을 것이라"(사 58:11). 긴 인생 여정을 통해서 내가 본 것은, 어떤 그리스도인은 다 죽어가는 사역을 맡아서 사막을 정원으로 되돌려놓는 반면에 어떤 그리스도인은 정원을 사막으로 만들어버린다는 사실이다. 그런데 그 둘의 차이점은 결코 그들의 재능이나 교육이 아니었다. 그 차이는 하나님의 축복을 받을 만한 인생인가 아닌가에 있었다.

마음의 반항

요한이 복음서를 쓴 목적은, 예수 그리스도는 하나님의 아들이시며 세상의 유일한 구주이심을 선포하고 변호하기 위해서였다. 또한 자신의 복음서를 읽은 사람들이 예수님을 믿게 하기 위해서였다(요 20:30-31). 요한의 복음서를 읽다보면, 유대 지도자들의 불신과 적개심이 점점 커지는 것과 아울러 제자들의 믿음과 사랑도 점점 자라는 것을 볼 수 있다. 세 가지 위기가 요한복음에 나오는데, 그것은 14장 6절에 반영되어 있다.

첫 번째 위기는 요한복음 6장 60-66절에 기록되어 있는데, 예수님이 5천 명을 먹이신 후에 일어났다. "그때부터 그의 제자 중에서 많은 사람이 떠나가고 다시 그와 함께 다니지 아니하더라"(66절). 예수님이 길인데 사람들은 예수님과 함께 다니지 않았던 것이다. 그들은 자신들이 아브라함과 함께 행했으며 심지어는 아브라함이 자신들의 조상이라고 자랑했다(요 8:39). 그들은 모세를 따르고 있다고 주장했으나 모세가 기록했던 그분은 배척했다(5:45-46, 9:28-29). 그들의 불신하는 마음은 예수님에 대한 반항심으로 가득했다.

예루살렘의 베데스다 연못가에서 예수님은 38년간 병들었던 남자를 고치셨는데 그날이 바로 안식일이었다(요 5장). 유대 지도자들은 안식일 전통을 깨뜨렸다는 이유로 예수님을 핍박하고 반박했다. 인간의 전통에 매여 있던 나머지 하나님의 진리에 눈이 멀었던 것이다. 그들은 오직 자기 교회, 자기 교단, 자신들의 종교적 조상만을 말하며 하나님의 말씀에 대해서는 아는 것 없는 오늘날의 어떤 사람들과 똑같았다.

어느 날 율법학자들과 바리새인들이 예수님과 제자들이 먹기 전에 손을 씻는 예식을 지키지 않는 것을 보고 비판하자 예수님은 이사야 29장 13절의 말씀을 인용하시며 이렇게 말씀하셨다. "이 백성이 입술로는 나를 공경하되 마음은 내게서 멀도다 사람의 계명으로 교훈을 삼아 가르치니 나를 헛되이 경배하는도다"(막 7:6-7). 전통은 우리 삶에서 중요한 위치를 차지하지만, 인간의 전통이 결코 하나님의 진리를 대신할 수는 없다. 이처럼 예수님과 종교 지도자 사이의 작은 논쟁들이 점점 심해져서 결국 그들은 예수님을 없애버리자는 계략을 세우게 되었다(요 7:1).

두 번째 위기는 요한복음 12장 37-38절에 기록되어 있다. "이렇게 많은 표적을 그들 앞에서 행하셨으나 그를 믿지 아니하니 이는 선지자 이사야의 말씀을 이루려 하심이라 이르되 주여 우리에게서 들은 바를 누가 믿었으며 주의 팔이 누구에게 나타났나이까 하였더라." 예수님은 메시지와 표적들을 통해("주의 팔") 자신이 누구이고 그들에게 무엇을 줄 수 있는지를 보여주셨지만 그들은 믿으려 하지 않았다. 이 놀라운 순서를 살펴보라. "믿지 아니하니"(37절), "믿지 못한 것은"(39절)에 이어 결국 "믿어서는 안 되는" 단계까지 갔다(46절 참고). 지속적으로 마음이 강퍅하게 되어 결국 눈도 멀고 의지도 마비된 것이다. 예수님은 그들에게 경고하셨다. "아직 잠시 동안 빛이 너희 중에 있으니 빛이 있을 동안에 다녀 어둠에 붙잡히지 않게 하라 어둠에 다니는 자는 그 가는 곳을 알지 못하느니라"(35절). 하지만 그들은 예수님의 경고도 무시했다. 진리이신 예수님이 진리를 선포하셨으나 그들은 예수님을 믿지 않았다.

세 번째이자 마지막 위기는 요한복음 18장과 19장에 나온다. 예수님이 생명이심에도 불구하고 그들은 예수님을 십자가에 못 박았다. "빌라도가 유대인들에게 이르되 보라 너희 왕이로다 그들이 소리 지르되 없이 하소서 없이 하소서 그를 십자가에 못 박게 하소서… 가이사 외에는 우리에게 왕이 없나이다"(요 19:14-16).

이스라엘 역사에서 우리가 알아야 하는 세 가지 '거부'가 있다. (1) 이스라엘이 사무엘에게 왕을 달라고 요구했을 때, 그들은 성부 하나님을 거부한 것이다(삼상 8장). (2) 이스라엘이 예수님을 십자가에 못 박았을 때, 그들은 성자 하나님을 거부한 것이다. (3) 이스라엘이 스데반을 돌로 쳤을 때, 그들은 성령 하나님을 거부한 것이다(행 7:51-60). 이러한 세 번의 거부는 삼위 하나님의 오래 참으심을 고갈시켜버렸다. 십자가에서 예수님은 이스라엘을 용서해달라고 기도하셨고(눅 23:34), 이에 하나님은 40년의 유예기간을 주셨지만, 결국 심판이 이르렀고 예루살렘은 훼파되었다.

호세아는 그 결과를 이렇게 말해준다. "이스라엘 자손들이 많은 날 동안 왕도 없고 지도자도 없고 제사도 없고 주상도 없고 에봇도 없고 드라빔도 없이 지내다가"(호 3:4). 다른 말로 하면, 이스라엘에 왕이 없으므로 온 나라가 혼란에 빠졌던 것이다. 예수님이 통치하러 재림하시기 전까지 우리에게 왕은 없다. 우리는 오늘날 사사기의 시대를 살고 있다. "그때에는 이스라엘에 왕이 없었으므로 사람마다 자기 소견에 옳은 대로 행하였더라"(삿 17:6, 참고 18:1, 19:1, 21:25). 사사시대 동안에 하나님은 여기저기에서 유능한 지도자들을 일으키셨고 그들에게 승리도 허락하셨지만 이스라엘은 하나님을 섬기며 그분의 뜻에 순종하는 일에 하나 되지 못했다.

이스라엘의 메시아가 재림하실 때 백성들이 그분을 보며 그분을 믿게 되고 통곡하며 회개할 것이고, 죄와 더러움을 씻는 샘이 그들을 위해 열릴 것이다(슥 13:1). "여호와께서 천하의 왕이 되시리니"(14:9). 열방의 지도자들이 서로를 대적하며 그리스도를 거부하면 할수록 이 세상에 평화는 점점 더 사라질 것이다. 평화의 왕자가 보좌에 앉는 날에야 이 땅에 평화가 임할 것이다.

"예루살렘을 위하여 평안을 구하라"(시 122:6).

마음의 회개[3]

우리 주님이 말씀하신 탕자의 비유는(눅 15:11-32) 하나님께 등을 돌리고 자신만을 기쁘게 하기 위해 인생을 허비한 모든 이들의 영적 상황을 보여준다. 누가복음 15장 24절은 탕자는 잃어버렸으며 죽은 자임을 말하고, 17절은 "스스로 돌이켜"라고 말함으로 이전까지는 그가 무지한 자였음을 말해준다. 탕자로 하여금 그처럼 어리석은 선택을 하게 했던 것은 자기 자신과 세상의 현실에 대한 무지함이었다.

돼지우리에 앉아서 아버지의 집을 생각해보니 거기보다 살기 좋은 곳이 없다는 것과 아버지가 얼마나 따뜻하고 너그러운 분이었는지를 깨닫게 되었다. "이에 일어나서 아버지께로 돌아가니라"(눅 15:20).

예수님이 말씀하셨다. "나로 말미암지 않고는 아버지께로 올 자가 없느니라"(요 14:6). 죄인들의 영적 결핍은 그들이 예수 그리스도를 믿는 믿음으로 아버지께 나아올 때 충족되고 극복된다.

죄인들은 길 잃은 자들이지만 예수님은 아버지의 집으로 가는 길이시다.

죄인들은 무지하지만 예수님은 아버지에 관한 진리이시다.

죄인들은 영적으로 죽었지만 예수님은 생명이시다. 예수님은 회개하고 그분을 믿는 이들과 그 생명을 나누신다.

탕자는 자기 삶이 엉망진창이며 그 모두가 자기 탓임을 알았다. 하지만 그를 집으로 돌아가게 만든 것은 그 깨달음이 아니었다. "내 아버지에게는 양식이 풍족한 품꾼이 얼마나 많은가 나는 여기서 주려 죽는구나"(눅 15:17). 그를 집으로 돌려보낸 것은 죄인의 악함이 아니라 아버지의 선함이었다. 바울이 이렇게 기록했을 때 그와 같은 생각이었을 것이다. "하나님의 인자하심이 너를 인도하여 회개하게" 하셨다(롬 2:4).

탕자가 집에 가까이 이르자 그의 아버지가 보고 한달음에 달려와서 그를 품에 안고 집으로 데려갔다. 그에게서 타국살이의 얼룩과 악취는 씻겨나갔고 좋은 옷과 신, 반지가 주어졌다. 과거는 용서받고 잊혀졌으며 그는 새로운 시작을 하게 되었다.

오늘날의 수많은 죄인들처럼.

09

참 포도나무

나는 참포도나무요 내 아버지는 농부라 무릇 내게 붙어 있어 열매를 맺지 아니하는 가지는 아버지께서 그것을 제거해 버리시고 무릇 열매를 맺는 가지는 더 열매를 맺게 하려 하여 그것을 깨끗하게 하시느니라 너희는 내가 일러준 말로 이미 깨끗하여졌으니 내 안에 거하라 나도 너희 안에 거하리라 가지가 포도나무에 붙어 있지 아니하면 스스로 열매를 맺을 수 없음 같이 너희도 내 안에 있지 아니하면 그러하리라 나는 포도나무요 너희는 가지라 그가 내 안에, 내가 그 안에 거하면 사람이 열매를 많이 맺나니 나를 떠나서는 너희가 아무 것도 할 수 없음이라 사람이 내 안에 거하지 아니하면 가지처럼 밖에 버려져 마르나니 사람들이 그것을 모아다가 불에 던져 사르느니라 너희가 내 안에 거하고 내 말이 너희 안에 거하면 무엇이든지 원하는 대로 구하라 그리하면 이루리라 너희가 열매를 많이 맺으면 내 아버지께서 영광을 받으실 것이요 너희는 내 제자가 되리라. - 요한복음 15:1-8

주께서 한 포도나무를 애굽에서 가져다가 민족들을 쫓아내시고 그것을 심으셨나이다 주께서 그 앞서 가꾸셨으므로 그 뿌리가 깊이 박혀서 땅에 가득하며 그 그늘이 산들을 가리고 그 가지는 하나님의 백향목 같으며 그 가지가 바다까지 뻗고 넝쿨이 강까지 미쳤거늘 주께서 어찌하여 그 담을 허시사 길을 지나가는 모든 이들이 그것을 따게 하셨나이까 숲 속의 멧돼지들이 상해하며 들짐승들이 먹나이다… 그것이 불타고 베임을 당하며 주의 면책으로 말미암아 멸망하오니. - 시편 80:8-13, 16

포도원을 노래하리라 내가 사랑하는 자에게 포도원이 있음이여 심히 기름진 산에로다 땅을 파서 돌을 제하고 극상품 포도나무를 심었도다 그 중에 망대를 세웠고 또 그 안에 술틀을 팠도다 좋은 포도 맺기를 바랐더니 들포도를 맺었도다… 무릇 만군의 여호와의 포도원은 이스라엘 족속이요 그가 기뻐하시는 나무는 유다 사람이라 그들에게 정의를 바라셨더니 도리어 포학이요 그들에게 공의를 바라셨더니 도리어 부르짖음이었도다. - 이사야 5:1-2, 7

...

요한복음 15장 1-8절 말씀은, 요한복음에 기록된 "나는 …이다"라는 말씀 중에 일곱 번째이며 마지막 구절이다. 첫 네 구절은 무리를 향해 공개적으로 하신 말씀이고, 다섯 번째 구절은 마르다에게 개인적으로 하신 말씀이며, 마지막 두 구절은 마가의 다락방에서 제자들에게 하신 비유의 말씀이다. 포도나무의 비유를 들어서 예수님은 자신이 없는 동안에 어떻게 하나님을 섬기며 하나님의 영광을 위해 열매 맺을 수 있는지 설명하셨다. 심해 잠수부가 수면 위에서부터 공급되는 산소를 마시면서 수중에서 활동하듯이, 이 땅에서 하나님의 백성들이 성장하며 섬기는 것이 가능한 이유는 그들이 하늘에 계신 예수 그리스도와 살아 있는 관계를 유지하며 그 안에 거하기 때문이다.

예수님은 자신을 떠나서는 아무것도 할 수 없음을 분명히 하셨다(요 15:5). 예수님이 하신 말씀은 사람들이 불구가 되거나 불리한 입장에 처한다는 뜻이 아니라 무력하게 되어서 하나님을 결코 잘 섬길 수 없다는 뜻임을 명심해야 한다. 영적 섬김처럼 보이지만 그저 "나무나 풀이나 짚"(고전 3:12)에 불과하다면 그리스도의 심판의 보좌 앞에서 타버릴 것이기 때문이다. "이는 만물이 주에게서 나오고 주로 말미암고 주에게로 돌아감이라 그에게 영광이 세세에 있을지어다 아멘"(롬 11:36). 만일 우리의 사역이 그리스도로 시작하고 그리스도로 인해 유지되며 하나님의 영광을 위해 그리스도로 종결되지 않는다면 그 사역은 지속되지 않을 것이다.

신약시대의 유대인들은 기본적으로 농사를 짓는 사람들이었기에 포도원을 경작하거나 포도주를 만드는 일에 익숙했다. 고대 극동지방에서 물은 귀중한 자원이었기에 포도주는 사치품이 아니라 필수품에 해당했다. 그래서 선지자들은 종종 흘러넘치는 포도주통의 개념을 사용해서 하나님의 축복으로(욜 3:18, 암 9:13, 전 9:7), 포도주가 부족한 개념을 사용해서 하나님의 징계로(신 28:39, 51, 욜 1:10) 묘사하곤 했다. 또한 선지자들은 포도주틀을 하나님의 심판의 상징으로 사용하기도 했다(애

1:15, 욜 3:11-13).

성경에서 포도는 예수 그리스도뿐 아니라 이스라엘의 온 족속(시 80:9-16, 사 5:27, 렘 2:21, 12:10-11, 겔 15, 17장, 19:10-14, 호 10:1-2)을 상징한다. 또한 예수님이 재림하시기 전 이 땅 위에서 신앙을 버린 이방 문명도 "땅의 포도"(계 14:14-20 참고)로 부르셨다. 요한계시록에서 적그리스도를 따르는 이들은 "땅에 거하는 자들" 또는 "땅에 사는 자들"이라 불린다(계 3:10, 6:10, 8:13, 11:10, 18, 13:12, 14, 14:6 참고). 비록 이 땅에서 살며 섬기고 있지만(빌 3:18-21), 그들의 마음과 생각은 하늘을 향하기에(골 3:1-4) 그리스도인은 천국 시민이다.

예수님은 "참 떡"이신 것처럼(요 6:32), 또한 "참포도나무"도 되시기에 다른 떡이나 포도주는 원조 떡과 포도주인 예수님의 아류에 불과하다. 요한복음 15장의 "나는 …이다"라는 구절에는 그 자체에 영적 진리의 보화가 있다. 이제 우리가 열매 맺는 그리스도인이자 기쁨 가득한 종이 될 수 있도록 도와주는 실제적인 진리에 집중해보자.

그리스도를 위해 열매 맺는 참된 삶

에스겔 15장에 보면 포도나무 가지는 오직 두 가지 점에서만 유익하다고 말한다. 열매 혹은 땔감, 즉 맺느냐 타느냐인 것이다. 열매를 제조할 수 없는 까닭은 열매란 생명에서 나오기 때문이다. 열매 안에는 더 많은 열매를 맺게 하는 씨가 있다. 포도나무 가지로서 우리는 그리스도의 생명을 마시며 하나님의 영광을 위해 과실을 맺는다. 만일 과실을 맺지 않는다면 우리는 이 땅에서의 목적을 충족시키지 않는 것이 되며 진정한 삶을 살고 있지 않다는 의미가 된다. 영원한 것에 투자하지 않고 우리 삶을 허비하거나 그저 써버리고 있는 것이다. 예수님을 믿는 그리스도인들에게 주어지는 영생은 있으나, 예수님이 우리에게 주고자 하시는 "풍성한 삶"(요 10:10 참고)에는 모자랄지 모른다. 영적으로 살아 있기는 하되 건강하지는 않은 것이다. 열매 맺는 것은 이 땅에서 살며 하나님을 섬기는 특권에 대해 우리가 지불하는 '집세'와도 같다. 그것은 예수 그리스도의 제자로서 우리의 의무일 뿐 아니라 하나님의 종으로서 하나님께 영광을 돌리며 다른 이들에게 팔을 뻗는 우리의 기회이기도 하다.

시편 1편 3절에 나오는 나무처럼 포도나무 가지는 자신이 먹기 위해서가 아니라 다른 사람들을 먹이기 위해서 열매를 생산한다. 그리고 다른 사람들을 먹임으로 인해 우리는 기쁨을 발견하게 된다. 예수님이 말씀하셨다. "나의 양식은 나를 보내신 이의 뜻을 행하며 그의 일을 온전히 이루는 이것이니라"(요 4:34). 하나님의 뜻을 행하는 것은 벌을 받는 것이 아니라 성취와 성장을 위한 것이다.

그렇다면 하나님께 영광을 돌리며 풍성한 삶을 살기 위해 예수님이 우리에게 맺기 원하시는 열매는 무엇일까? 우선, 그 열매란 우리가 그리스도께로 인도하고 믿음 안에서 자라도록 돕는 사람들이다(롬 1:13). 또한 개인적인 경건함에서 성장하는 것도 우리가 맺는 또 다른 열매이다(6:22). 갈라디아서 5장 22-24절에서 바울은 이를 "성령의 열매"라고 부른다. 사랑, 희락, 화평, 오래 참음, 자비, 양선, 충성, 온유, 절제가 그 열매들이다. 또한 예루살렘 신자들을 돕기 위해 바울이 이방 교회들로부터 헌금을 걷었던 것처럼 우리가 즐겨내는 넉넉한 헌금도 열매이다

(롬 15:25-28). 골로새서 1장 10절은 "모든 선한 일에 열매를 맺게 하시며"라고 말씀하며(마 5:13-16 참고), 히브리서 13장 15절은 찬양과 경배는 우리가 마음에 심은 말씀의 씨앗에서 나오는 우리 입술의 열매라고 말씀한다.

열매 속에는 더 많은 열매를 맺을 수 있는 씨들이 있기에 예수님은 우리가 "열매, 무릇 열매, 더 열매"를 맺는 것에 대해 말씀하셨다(요 15:2, 5 참고). 하나님이 우리에게 허락하시는 추수는 우리가 받은 영적 은사로 섬길 수 있는 기회를 주실 때마다 그 은사들을 개발하고 사용하려 하는 우리의 충성됨에 달려 있다. 우리가 적은 은사와 기회일지라도 충성스럽게 사용한다면 주인은 더 많은 것을 우리에게 상으로 주실 것이다(마 25:21). 이러한 사실은 성경에 나오는 모든 종들, 특히 요셉, 모세, 여호수아, 다윗, 다니엘, 디모데의 삶을 통해 증명된다.

그리스도 안에 거함으로 맺는 열매

그리스도와의 교제는 그리스도와의 연합에서 시작된다. 우리가 그리스도를 믿고 그리스도가 우리의 구주가 되시며 그 안에 거할 때까지 우리는 그리스도와 교제할 수 없다(고후 5:17). 포도나무 가지인 모든 믿는 자들은 주님과 더불어 살아 있는 연합을 하며, 그리스도와 교제할 때 열매를 맺을 수 있게 된다. 그리스도인들의 어록에 "어젯밤 회의에서 어떤 결과가 있었나요?"처럼 결과라는 단어가 포함된 것은 참으로 불행한 일이다. 죽은 기계가 결과를 낼 수 있듯이 영적으로 죽은 자들도 결과는 만들어낼 수 있기 때문이다. 하지만 열매는 살아 있는 것이며,

예수님의 권능이 우리 안에서 우리를 통해 역사할 때 예수님과의 살아 있는 교제에서 나오는 것이다.

하지만 열매를 맺기 위해서는 좋은 토양, 햇볕과 비, 전문가의 손길뿐 아니라 시간과 노력을 통해 훈련된 헌신이 필요하다. 우리는 그리스도 안에(골 2:7), 그리고 사랑 안에(엡 3:17) 뿌리를 내리고 있으므로 '토양'은 완벽하다. 아버지는 정원사가 되시고 우리 주님이 이 땅에서 사역하셨을 때 아들과 아버지가 함께 일하셨듯이 우리가 열매 맺도록 아버지와 아들이 함께하며 도와주신다(요 5:19, 36). 열매 맺지 않는 가지는 포도나무와의 연결이 죽었음을 의미하기에 베어내야 하고, 열매를 많이 맺는 가지는 가지치기를 함으로써 더 실한 열매를 많이 맺게 해야 한다(15:1-2). 포도원 일꾼이 열매를 많이 맺는 가지를 가지치기할 때는 죽은 나무가 아니라 살아 있는 가지를 쳐냄으로써 그 가지가 포도를 더 많이 맺도록 한다는 사실에 주목해야 한다. 포도원 일꾼은 어떤 가지를 쳐내야 하는지, 얼마만큼 쳐내야 하는지, 어떤 각도에서 쳐내야 하는지를 잘 알아야 한다. 이처럼 가지치기 전문가로 훈련받고 인정받으려면 대략 3년 정도의 시간이 걸린다.

더 많은 열매를 맺고 더 큰 방법으로 하나님께 영광을 돌릴 수 있도록 하기 위해 하나님이 당신의 종들의 사역에서 어떻게 가지치기 하시는지 성경에서 살펴보라. 아브라함은 풍성한 삶을 위해서 고향과 친척을 떠나야 했고 심지어 아들 이삭을 바쳐야 했다. 야곱은 장차 이스라엘을 세울 가족을 이루기 위해 얼마나 자주 자신의 계획을 내려놓아야 했는지 모른다. 우리는 이와 동일한 사랑의 과정을 요셉, 다윗, 베드로를 비롯해 교회 역사 속에서 하나님의 영광을 위해 많은 것을 이룬 사람들의 삶에서 보게 된다.

요한복음 15장에는 헬라어 메노(meno)가 11번 사용되는데 이 단어는 '남는다'라는 의미다. 다른 영어성경에는 이 단어가 '계속하다', '거하다', '연합하다', '살다'로 번역되어 있다. 나는 그 의미들 가운데 '살다'를 가장 좋아한다. 「아른트와 긴그리히 신약어휘 헬라어 영어 사전(Arndt and Gingrich Greek-English Lexicon of the New Testament)」에서 메노의 의미는 '내적으로 견디는 개인적인 사귐'이라고 되어 있는데 내게 그 말은 '산다'는 의미와 같다. 그리스도와 우리의 연합(union)은 전적으로 그리스도에게 달려 있다. 그리스도는 언제나 살아 계셔서 우리를 위해 중보하시기 때문이다(히 7:25). 그러나 그리스도와 우리의 사귐(communion)은 믿고 순종하며 그리스도와 맺는 우리의 신실한 관계에 달려 있다.

'산다'라는 이 말의 좋은 예를 결혼에서 볼 수 있다. 결혼예식이 끝나면 공식문서에 서명하고 커플은 결혼을 완성하며 이제 살아 있는 연합이 만들어지고 그들은 한 몸을 이루게 된다(창 2:23-24). 그러나 연합이 사귐을 보장하지는 않는다. 사귐은 그 두 사람 사이를 끊임없이 발전시키고 유지해야 얻을 수 있다. 신혼부부가 함께 기도하며 서로 대화하고 자신들의 감정과 소망과 낙심을 나누며 서로를 사랑하고 섬기기 위해 희생하지 않는다면, 그들의 결혼생활은 하나의 일상으로 전락하거나 전쟁이 되어 서서히 기쁨을 잃어버리게 될 것이다. 연합은 기초이고 사귐은 기초 위에 집을 짓는 것이다. 사귐이 있으려면 상호 간에 애정과 관심, 희생과 섬김이 있어야 한다.

내가 예수 그리스도와 연합했고 그 몸의 일원이 되었다는 사실로 인해 나는 예배와 기도, 말씀 묵상과 봉사를 통해 그리스도와의 교제를 원하며 사귐을 즐거워해야 한다. 예수님이 말씀하셨다. "이제부터는 너희를 종이라 하지 아니하리니 종은 주인이 하는 것을 알지 못함이라 너희를 친구라 하였노니 내가 내 아버지께 들은 것을 다 너희에게 알게 하였음이라"(요 15:15). "친구"로 번역된 단어의 원래 뜻은 '궁정의 친구, 왕의 친구'이다. 이 얼마나 큰 특권인가.

당신은 날마다 주님과 만나서 사귀고 있는가? 매일 주님의 도움과 축복으로 인해 감사하는가? 당신의 일을 하면서 주님께 도움을 구하는가? 자신의 죄를 즉시 고백함으로 주님과 건강한 관계를 유지하는가? 당신의 결정과 관계에 그리고 당신이 당면한 과제에 주님을 포함시키는가? 이것이 바로 그리스도와의 사귐이 있으며 그리스도 안에 거하는 삶이다.

그리스도 안에 거하고 있음을 보여주는 증거에는 어떤 것들이 있을까? 열매 맺고 있음이 그 가운데 하나가 될 것이다. 비록 얼마나 추수했는지를 언제나 알 수 있는 것은 아니더라도 계속 열매를 맺는다는 사실은 알 수 있다. 스코틀랜드의 설교가 조지 모리슨(George Morrison)은 이렇게 썼다. "하나님은 자기 종들이 자신들이 하는 모든 선한 일들을 알도록 하지 않으신다." 또 하나의 증거는 우리가 더 훌륭하며 최고의 것을 즐길 수 있도록 하시려고 아버지는 적당히 좋은 것들을 우리에게서 가지치기하신다.

우리는 가지에 불과하기 때문에 계속해서 연약함을 느끼고 주님께 힘과 도움을 달라고 구한다. 요한복음 15장 7절은 기도하면 응답받는다는 약속의 말씀이다. 그리스도 안에 거할 때 우리는 하나님의 사랑(9,

12-13절)과 기쁨(11절)은 물론이고, 세상의 미움과 반대(18-19절)도 경험한다. 우리 자신은 감지하지 못할지라도 그리스도 안에 거하면 점점 구주 예수 그리스도를 닮아가는 모습을 다른 사람들이 보게 될 것이다.

그리스도 안에서 구원을 받았다는 것 그리고 그리스도와 사귐이 있다는 증거는 열매를 맺는 것이다. 유다는 그리스도의 부르심을 받아 그리스도가 사역하며 다니시는 동안 그분과 함께 살았다. 하지만 유다는 거짓으로 믿음의 가면을 썼다. 결국 유다는 포도나무인 예수님에게 믿음으로 붙어 있는 자가 아니었다(요 6:60-71). 결과적으로 그는 베임을 당하고 던져졌다. "그들이 우리에게서 나갔으나 우리에게 속하지 아니하였나니 만일 우리에게 속하였더라면 우리와 함께 거하였으려니와 그들이 나간 것은 다 우리에게 속하지 아니함을 나타내려 함이니라"(요일 2:19).

그리스도 안에 거하며 하나님의 영광을 위해 열매 맺는 삶을 사는 데는 건강도 나이도 방해가 되지 않는다. "그러므로 우리가 낙심하지 아니하노니 우리의 겉사람은 낡아지나 우리의 속사람은 날로 새로워지도다"(고후 4:16). 우리 부부가 나이 들어감에 따라 주님은 우리의 사역을 정리하는 법을 가르쳐주셨고(가지치기) 몇몇 사역에 집중하게 하셨기에 우리는 시편 92편 14절 말씀이 실제로 가능함을 경험하고 있다. "그는 늙어도 여전히 결실하며 진액이 풍족하고 빛이 청청하니."

순종함으로 그리스도 안에 거하기

야구 경기에서부터 제트 비행기 운전에 이르기까지 우리가 자신의 삶의 영역에서 성공하고자 한다면 반드시 따라야 하는 법칙들이 있다. 나는 어느 화학 교수가 1학년들을 위해 인용했던 시와 비슷한 다음의 표현을 기억한다.

> 오 지미 브라운을 위해 눈물 흘리네.
> 지미는 더 이상 존재하지 않는다네.
> 왜냐하면 H_2O라고 생각했는데 실상은 H_2SO_4였다네.[1]

의사나 약사로 성공하려면 약의 성분을 구성하는 각종 원소들의 화학적 성질을 배워서 서로 화합이 잘 맞는 원소들만 배합하도록 해야 한다. 그렇게 하지 않는다면 위에 나온 지미 브라운처럼 되고 말 것이다. 아스피린(aspirin)과 비소(arsenic)는 둘 다 A로 시작하지만 서로 다른 화학적 성질을 갖고 있다. 제트 비행기 조종사는 감히 항공학의 기본 원리를 어기려 들지 않으며, 승리하는 운동선수는 공식적인 경기 규칙이나 코치의 명령을 철저히 준수한다. 과학이 발견한 기본 법칙과 정부가 제정한 법률을 잘 지킴으로써 우리는 보다 나은 삶의 기준과 대체로 안전한 환경을 누릴 수 있게 되었다. 이러한 법을 존중할 때 우리는 언제나 순종에 따르는 능력과 자유를 사용할 수 있게 된다.

이와 같이 우리의 도덕적, 영적 삶을 다스리는 법들이 있다. 그 법을 무시하거나 따르지 않으면 고통받거나 다른 이들을 고통받게 할 수 있다. 예수님이 말씀하셨다. "내가 아버지의 계명을 지켜 그의 사랑 안에 거하는 것같이 너희도 내 계명을 지키면 내 사랑 안에 거하리라" (요 15:10). 예수님은 언제나 아버지를 기쁘시게 하는 일을 행하셨기에

(8:29), 예수님 안에 거하기를 원한다면 우리도 그분의 본을 따라야 한다. 자연 만물은 하나님이 우주에 새겨넣으신 법칙들에 순종한다. 그러나 우리가 그러한 법들을 훼방한다면 심각한 결과들이 닥칠 것이다.

그리스도인 삶의 기본 규칙은 믿음과 순종이 하나님의 축복을 향한 문을 활짝 연다는 사실이다. 로마서 14장 23절은 이렇게 말한다. "믿음을 따라 하지 아니하는 것은 다 죄니라." 우리가 어떤 일을 함으로써 아무리 기분이 좋아도 하나님의 말씀을 믿는 믿음이 우리의 결정을 지지하지 않는다면 우리가 하는 일은 문제만 일으킬 뿐이다. 아브라함은 애굽으로 가면 목숨을 부지할 수 있을 것이라 믿었으나, 그곳에서 자기 목숨과 함께 아내의 목숨도 잃을 뻔하지 않았던가(창 12:10-20). 모세는 한 사람을 죽임으로 유대인을 애굽에서 구원해낼 수 있으리라 생각했으나 그 일로 인해 미디안 광야에서 40년 동안 귀양살이를 해야 했다(출 2:11-25). 삼손은 낮에는 하나님의 전투에서 싸우다가 밤이 되면 쾌락을 즐길 수 있다고 생각했으나 하나님의 생각은 달랐고, 그 힘센 장사는 자신과 함께 사역을 망쳐버렸다.

하나님의 명령에 불순종하는 것은 우리가 그리스도와 사귀는 것을 방해한다. 그래서 우리는 하나님의 뜻을 행하려는 능력을 잃어버리게 된다. 그런 일이 생기면 즉시 주님께 우리 죄를 고백하고(요일 1:9), 주님께서 우리를 정결케 하시고 치료하시도록 해야 한다. 우리 영혼이 그리스도와 동행하지 않으면서 그리스도를 위해 살겠다고 하는 것은 소용없는 일이다. 그리스도가 하신 말씀을 기억하라. "나를 떠나서는 너희가 아무것도 할 수 없음이라"(요 15:5). 이 말씀은 그리스도를 섬기는 것에만 국한되는 것이 아니라 우리 삶의 모든 일에 해당된다. 마음이 잘

못되면 모든 것이 잘못된다. 요나는 모든 것이 잘 되리라고 확신했기에 배 밑으로 내려가서 편안히 잠이 들었지만(욘 1장), 곧이어 자기가 반역한 결과를 추수하기 시작했다. 고집 센 불순종에 이은 거짓 평화와 거짓 자신감은 오래 지속되지 못한다.

사랑함으로 그리스도께 순종하기

어떤 사람들은 순종(obey)이라는 단어를 불편해 한다. 어쩌면 어린 시절의 엄한 훈육 때문일 수도 있고, 군대 시절의 지나친 규율 때문일 수도 있지만, 사람의 마음에서 나오는 자연스러운 반항심 때문일지도 모른다. 때때로 우리는 의무적으로 순종하기도 하는데 그것이 잘못된 것은 아니다. 자신의 계획을 내려놓고 순종을 배우는 것은 어린 시절과 청소년기에 해야 할 필수적인 훈련 가운데 하나이기 때문이다. 때때로 우리는 눈앞에 보이는 보상 때문에 순종한다. ("잔디를 깎는다면, 이번 토요일에 아빠 차를 쓰게 해주실 거야.") 그러나 가장 최고의 순종은 원해서 하는 순종이다. 두려움이나 욕심 때문이 아니라 마음에서 진심으로 우러나와 하는 순종인 것이다. "너희가 나를 사랑하면 나의 계명을 지키리라"(요 14:15). "사람이 나를 사랑하면 내 말을 지키리니"(23절).

우리는 어린아이들이 부모의 사랑과 관심을 얻는 것과 동일하게 하나님의 사랑과 축복을 받지만, 사랑의 순종은 성품을 만들며 부모의 마음에 기쁨을 준다. 바로 우리 주님의 본을 따르는 것을 의미하는 것이다. 예수님이 말씀하셨다. "아버지께서 나를 사랑하신 것같이 나도 너희를 사랑하였으니 나의 사랑 안에 거하라 내가 아버지의 계명을 지켜 그의 사랑 안에 거하는 것 같이 너희도 내 계명을 지키면 내 사랑 안에 거하리라"(요 15:9-10). 바로 그 다음 구절에서 예수님은 순종을 위한 또 다른 동인을 주신다. "내가 이것을 너희에게 이름은 내 기쁨이 너희 안에 있어 너희 기쁨을 충만하게 하려 함이라."

"누구든지 그의 말씀을 지키는 자는 하나님의 사랑이 참으로 그 속에서 온전하게 되었나니"(요일 2:5). 우리 마음에 성숙한 사랑이 있으면 우리가 어떻게 느끼든지 혹은 어떠한 대가를 치르든지 상관없이 우리의 짐은 가볍고 해야 할 마땅한 일을 할 수 있을 것이다. "우리가 하나님을 사랑하고 그의 계명들을 지킬 때에 이로써 우리가 하나님의 자녀를 사랑하는 줄을 아느니라 하나님을 사랑하는 것은 이것이니 우리가 그의 계명들을 지키는 것이라 그의 계명들은 무거운 것이 아니로다"(5:2-3).

바울은 로마서 13장 8절에서 말한다. "남을 사랑하는 자는 율법을 다 이루었느니라." 부모가 자녀를 돌봐야 하는 것은 법으로 정해진 것이지만 감옥에 가고 싶지 않아서 억지로 자녀를 돌보는 부모는 많지 않을 것이다. 자녀 양육은 돈이 많이 들고 쉽지 않은 일이지만 우리는 자녀를 사랑하고 그들이 최선의 삶을 살기 원하기 때문에 그 일을 한다. 그리스도인의 사랑은 마음이나 꽃이나 보드라운 솜털과 같이 느낌에 그치는 것이 아니라 주님이 우리를 대하신 것처럼 다른 사람을 대하려는 의지적인 행위이다. "오직 성령의 열매는 사랑"이다(갈 5:22).

더 잘 앎으로써 그리스도를 사랑하기

"잘 알면 무례해지기 쉽다"라는 말은 오랜 속담이지만, 그 말이 언제나 맞는 것은 아니다. 저명한 설교가 필립스 브룩스(Phillips Brooks)는 그 말을 바꾸어 "오직 무례할 만한 일들과 무례할 만한 사람들에 한해서" 무례해지기 쉽다는 말을 했는데 그것은 맞는 말이다. 우리 부부는 1953년에 결혼을 했고 서로를 잘 알지만 서로를 향한 존경심은 전혀 줄어들지 않았다. 그것은 우리의 관계가 사랑에 기초했기 때문이다. 우리 부부는 종종 고속도로를 함께 달릴 때가 있는데 한동안 침묵 속에 잠겨 있다가 동시에 같은 말을 하면서 침묵을 깨곤 한다. 이보다 더 서로를 잘 알 수 있을까!

내가 직접 주문한 것은 아니지만, 수년 전에 내가 속한 독서클럽으로부터 아돌프 히틀러의 전기를 한 권 받았다. 어차피 회비는 이미 낸 것이기에 나는 그 책을 읽어보기로 결심했지만 결국 끝까지 읽을 수 없었다. 노력했지만 도저히 읽을 수 없었던 이유는 그 책을 읽으면 읽을수록 점점 더 싫어졌기 때문이다. 어쩌면 잘 알면 무례해지기 쉬운 한 예가 될지도 모르겠다. 하지만 그리스도인이 성경을 더 많이 읽고 예수님에 대해서 더 잘 알아가는 것은 그와는 정반대이다. 누구든지 그리스도를 더 잘 알면 알수록 그분을 더욱더 사랑하게 되기 때문이다.

그리스도인의 삶은 예수님을 알고 예수님을 믿는 것에서 시작된다. 예수님이 하나님 아버지께 이렇게 말씀하셨다. "영생은 곧 유일하신 참 하나님과 그가 보내신 자 예수 그리스도를 아는 것이니이다"(요 17:3). 그리고 우리가 "우리 주 곧 구주 예수 그리스도의 은혜와 그를 아는 지식에서 자라"감에 따라(벧후 3:18), 더욱더 예수님을 사랑하게 된다. 기쁜 날에도 힘든 날에도 우리는 예수 그리스도를 더 많이 알아가고, 경배하며, 감사하고, 순종하는 자신을 발견하게 된다.

자신이 구주로 고백하는 예수님보다 인기 있는 운동선수나 연예인에 대해 더 많이 아는 그리스도인들이 있다. 우리가 예수님을 더 많이 알아야 하는 까닭은 그분을 알면 알수록 더 사랑하게 되기 때문이다. 성경의 모든 교리의 중심에는 예수 그리스도가 계신다. 죄에서의 승리든, 기도, 나눔, 전도이든지 간에, 그리스도인의 삶의 모든 면에는 예수님이 계신다. 어떤 그리스도인이 보다 깊은 사랑의 열정으로 예수님을 효과적으로 증거하지 못하는 이유는 그들이 하나님의 아들을 아는 지식에서 자라고 있지 않기 때문이다.

주님을 아는 지식에서 자라가는 것이 아름다운 까닭은, 성령님이 그 지식을 사용하셔서 우리로 하여금 더욱 예수님을 닮게 해주시기 때문이다. 우리의 목표는 단지 성경 지식이 아니라 그리스도를 닮는 것이다. 하나님 아버지께서 우리로 하여금 "그 아들의 형상을 본받게 하기 위하여" 미리 정하셨으며(롬 8:29), 성령은 하나님의 말씀을 사용하셔서 이 영광스러운 기적을 이루신다(고후 3:18). "나는 예수님을 점점 더 닮아가고 있는가?" 이것이야말로 우리가 주님 앞에서 우리 삶을 점검할 때 자문해야 할 중요한 질문이다.

영적 연쇄 반응 시작하기

"그러므로 하나님이 짝지어 주신 것을 사람이 나누지 못할지니라"(막 10:9). 이 말씀은 우리 주님이 결혼에 대해 하신 말씀이지만, 이 명령은 삶의 다른 영역에도 적용된다.

하나님은 풍성한 삶과 열매 맺기를 함께 묶으셨다. 열매를 맺고 있지 않다면 우리는 기뻐하며 만족해 하는 신자가 될 수 없다. 또한 하나님은 열매 맺기와 그리스도 안에 거하는 것을 함께 묶으셨다. 영적 열매는 제조할 수 있는 것이 아니라 우리가 구주와 맺는 교제를 통해서 흘러나온다. 그리스도 안에 거하는 것은 순종과 묶여 있다. 우리가 하나님의 말씀에 불순종하면 우리와 하나님과의 사귐이 깨어지게 되고 하나님의 축복을 받기 어렵게 된다. 순종은 그리스도를 사랑하는 것과 연결되어 있다. 사랑에서 나오는 순종이 아니라면 하나님의 뜻대로 행하는 것은 축복이 아니라 징벌이 된다(요 4:34). 마지막으로, 사랑은 아는 것과 맞닿아 있다. 그리스도를 더 알면 알수록 우리는 그분을 더욱 사랑하게 된다.

다른 말로 하면, 예수님을 더 알면 알수록 그분을 더욱 사랑하게 되는 것이다. 그분을 더 사랑하면 할수록 그분에게 더 순종하게 되며, 더 순종하면 할수록 그분 안에 더 거하게 된다. 그분 안에 더 거하면 거할수록 우리는 더 많은 열매를 맺게 되며, 더 많은 열매를 맺으면 맺을수록 우리는 더욱 풍성한 삶을 경험하게 된다. 이것은 마치 영적 연쇄 반응과 같으며, 그것은 우리 주님과 매일 경건의 시간을 갖기로 작정하는 것에서부터 시작된다.

10

나는 버림받은 자라

나는 벌레요 사람이 아니라 사람의 비방 거리요 백성의 조롱 거리니이다.
- 시편 22:6

그는… 고운 모양도 없고 풍채도 없은즉 우리가 보기에 흠모할 만한 아름다운 것이 없도다 그는 멸시를 받아 사람들에게 버림 받았으며 간고를 많이 겪었으며 질고를 아는 자라. - 이사야 53:2-3

전에는 그의 모양이 타인보다 상하였고 그의 모습이 사람들보다 상하였으므로 많은 사람이 그에 대하여 놀랐거니와. - 이사야 52:14

그런즉 하나님 앞에서 사람이 어찌 의롭다 하며 여자에게서 난 자가 어찌 깨끗하다 하랴 보라 그의 눈에는 달이라도 빛을 발하지 못하고 별도 빛나지 못하거든 하물며 구더기 같은 사람, 벌레 같은 인생이랴.
- 욥기 25:4-6

오히려 자기를 비워 종의 형체를 가지사 사람들과 같이 되셨고 사람의 모양으로 나타나사 자기를 낮추시고 죽기까지 복종하셨으니 곧 십자가에 죽으심이라 이러므로 하나님이 그를 지극히 높여 모든 이름 위에 뛰어난 이름을 주사 하늘에 있는 자들과 땅에 있는 자들과 땅 아래에 있는 자들로 모든 무릎을 예수의 이름에 꿇게 하시고 모든 입으로 예수 그리스도를 주라 시인하여 하나님 아버지께 영광을 돌리게 하셨느니라. - 빌립보서 2:7-11

...

시편 22편은 고난 중에 계신 예수님(1-21절)과 그분의 부활의 영광(22-31절)을 묘사함으로 메시아를 알리는 시편이다. 십자가 처형에 대한 이런 생생한 묘사가 유대인이 쓴 시편에 나온다는 것은 의미심장하다. 유대인들 이런 식의 처형 방식이 없었기에 시편 기자인 다윗이 십자가의 처형을 목격했을 가능성이 적기 때문이다. 예수님은 이 시편의 1절을 인용하셨고(마 27:46), 2절에서 묘사한 빛과 어둠은 누가복음 23장 44-45절과 연결된다. 십자가 아래에서 제비를 뽑았던 군인들(18절)은 마태복음 27장 35절에서 다시 등장한다.

어떤 학자들은 예수님이 시편 22편 1절 말씀을 외치신 후에 비록 구경꾼들에게는 그 목소리가 들리지 않았겠지만 십자가에 매달리셨던 마지막 3시간 동안 시편 전체를 암송하셨을 거라고 믿는다. 만약 그것이 사실이라면, 예수님이 6절도 인용하셨다는 말이 된다. 만일 우리가 그 자리에 있었다면 예수님이 하신 말씀에 어떤 반응을 보였을까?

나는 이 질문에 대해 오랫동안 묵상을 했다. "나는 버림받은 자"라는 말씀에 대해 내가 묵상한 것을 나누어보겠다.

경이

지금까지 우리가 공부해온 "나는 …이다"라는 말씀에는 모두 어떤 존엄성이 있었다. 떡, 빛, 목자, 양의 우리, 부활, 생명, 진리, 포도나무 등에서는 불명예스러운 것을 찾아볼 수 없었지만, 벌레는 완전히 다른 문제이다. 곤충학자라면 모를까 벌레를 보고 감탄하는 사람은 거의 없다. 벌레는 흙 속에 사는 생명체로 무시당하거나 심지어는 밟혀 죽기도 한다. 자신이 벌레라고 말하는 사람이 다름 아닌 예수님이라는 사실이 나를 놀라게 한다.

욥은 고난 중에 자신을 가리켜 무덤이 자기 아버지고 구더기가 자기 어머니나 자매이며(욥 17:14), 자신의 살이 "구더기 …가 의복처럼 입혀졌고"(7:5)라고 했다. 욥의 친구 빌닷도 사람은 구더기요 벌레 같다고 했다(25:6). 이사야 선지자는 악인의 심판을 이렇게 묘사했다. "그 벌레가 죽지 아니하며 그 불이 꺼지지 아니하여"(사 66:24). 교만하고 백성들의 고혈을 빨아 먹던 헤롯 아그립바 1세는 "벌레에게 먹혀" 죽었다(행 12:21-24). 왕의 죽음치고는 얼마나 불명예스러운 죽음인가.

원래 "나는 벌레요"라고 말했던 사람은 다윗이었지만, 다윗은 선지자로 그리스도에 대해 기록했다(행 2:30). 그러므로 시편 22편은 하나님의 아들 예수님에 관한 것이며, 예수님이 자신을 벌레라고 부르신 것이다.

히브리서 7장 26절은 예수님을 일컬어 "거룩하고 악이 없고 더러움이 없고 죄인에게서 떠나 계시고 하늘보다 높이 되신 이"라고 묘사하지만, 그분은 자신을 벌레라고 부른다. 이처럼 자기 비난을 한 사람들이 있었지만 그들은 예수님처럼 거룩하거나 높은 분이 아니었다. 욥은 하나님께 이렇게 고했다. "나는 비천하오니 무엇이라 주께 대답하리이까 손으로 내 입을 가릴 뿐이로소이다… 그러므로 내가 스스로 거두어들이고 티끌과 재 가운데에서 회개하나이다"(욥 40:4, 42:6). 바울도 자신을 "죄인 중에 내가 괴수"(딤전 1:15), "사도 중에 가장 작은 자"(고전 15:9), "모든 성도 중에 지극히 작은 자보다 더 작은 나"(엡 3:8)라고 말했다. 하지만 하나님의 아들이 자신을 일컬어 벌레라고 하다니!

게다가 예수님이 이 땅에서 사역하시는 내내 순종했던 하나님 아버지에게 말하면서 벌레라는 단어를 사용했음을 생각하면 더더욱 놀라지 않을 수 없다. 예수님에 대해서 아버지는 이렇게 말씀하시지 않았던가. "이는 내 사랑하는 아들이요 내 기뻐하는 자라"(마 3:17). 우리를 더욱 놀라게 하는 것은 예수님이 이 말을 하신 때이다. 그때는 예수님이 가장 위대한 사역을 행하시면서 세상 죄를 지시고 십자가에서 죽어가고 계신 때였다. 이기적이고 말도 안 되는 죄를 지었다면 누구라도 "나는 벌레다"라고 말할 수 있겠지만, 이 땅에서 가장 위대한 사역을 하면서 엄청난 고통을 겪는 중에 할 수 있는 말은 아니지 않은가.

경배

우리 주님의 겸손하심이 얼마나 깊은지를 묵상하다보면 저절로 예배와 경배로 옮겨가게 된다. 성육신을 통해서 인간이 되셨고 인간과 종으로 태어나셨다가 십자가를 통해서 그분은 "나는 벌레요 사람이 아니"게 되셨다(시 22:6). 신약 학자들은 우리 주님의 공생애의 첫해를 '인기의 해'라고 부른다. 그 이유는 수많은 군중들이 예수님을 찾았고 아직 반대 세력이 형성되지 않았기 때문이다. 하지만 주님의 사역이 3년째에 이르자 종교 지도자들은 질투하고 분노했으며 급기야 그분을 죽이기로 공모했다. 오늘날 미국 형법제도에 종사하는 사람이라면 감방에 있는 가장 흉악한 범죄자라 할지라도 감히 예수님이 당하셨던 대로 다루지는 않을 것이다.

우리 주님은 사회적으로 "벌레이며 사람이 아닌" 취급을 받으셨다. 예수님은 식탐가에 술고래로 불렸고(눅 7:34), 심지어는 귀신들린 자(요 8:48)로 오해받으셨다. 예수님을 메시아로 해석한 또 다른 시편은 이렇게 기록한다. "성문에 앉은 자가 나를 비난하며 독주에 취한 무리가 나를 두고 노래하나이다"(시 69:12). 예수님께 순종했어야 마땅한 자들이 예수님을 조롱했던 것이다. 반대파가 많아지고 죽음이 가까이 이르자 예수님은 종종 예루살렘과 유대를 떠나 한적한 곳으로 가서서 기도하며 제자들을 가르치셨다. 하지만 나라의 관리들은 이미 예수님을 낮은 자 중에서 가장 낮은 자로, "세리와 죄인의 친구"로 분류해버렸다(눅 7:34).

법 집행에 관한 한 예수님은 "벌레요 사람이 아닌" 것처럼 취급당하셨다. 예수님의 체포 과정은 불법이었고 재판도 마찬가지였다. 유대 지도자들은 예수님에 대해 거짓 증언했고 그들의 증언이 서로 일치하지 않았음에도 불구하고 재판관들은 그 증언들을 채택했다. 재판이 시작되기 전부터 그들은 이미 예수님을 유죄로 간주했던 것이다.

예수님의 육신이야말로 "벌레요 사람이 아닌" 것처럼 다루어졌다. 그들은 예수님이 마치 동물인 것처럼 채찍질하고 매질했다. 우리는 벌레를 보면 어떻게 하는가? 아마도 밟거나 짓이겨버릴 것이다. 군인들이 행한 가혹한 행위는 불필요했고 비인간적이었다. 시편 22편은 예수님이 아니라 군인들과 관리들을 동물에 비유하고 있다. "많은 황소가 나를 에워싸며 바산의 힘센 소들이 나를 둘러쌌으며 내게 그 입을 벌림이 찢으며 부르짖는 사자 같으니이다"(12-13절). "개들이 나를 에워쌌으며 악한 무리가 나를 둘러 내 수족을 찔렀나이다"(16절). "내 생명을 칼에서 건지시며 내 유일한 것을 개의 세력에서 구하소서 나를 사자의 입에서 구하소서 주께서 내게 응답하시고 들소의 뿔에서 구원하셨나이다"(20-21절).

시편 22편의 첫 절은 왜 예수님이 자신을 "벌레요 사람이 아닌" 것으로 표현하셨는지에 대해 가장 가슴 아픈 이유를 제시한다. "내 하나님이여 내 하나님이여 어찌 나를 버리셨나이까"(마 27:46 참고). 많은 이들이 하나님을 버렸지만 하나님은 어느 누구도 버리지 않으셨다. 만일 그랬다면 그들은 그 자리에서 즉사했을 것이기 때문이다. "그는 우리 각 사람에게서 멀리 계시지 아니하도다"라고 바울이 에덴의 철학자들에게 말했다. "우리가 그를 힘입어 살며 기동하며 존재하느니라"(행 17:27-28). 가인은 하나님을 버렸으나 하나님은 가인을 버리지 않으셨다(창 4장). 이스라엘 백성은 계속해서 하나님께 반역했으나 하나님은 계속해서 그들을 사랑하고 연단하시며 그들이 회개하기를 원하셨다. "나 이스라엘의 하나님이 그들을 버리지 아니할 것이라"(사 41:17).

그렇다면 그런 하나님이 왜 사랑하는 아들을 버리셨을까? 그것은 예수님은 하나님이 "우리 모두의 죄악을" 담당시킨 "하나님의 어린양"이셨기 때문이었다(사 53:6, 요 1:29 참고). "하나님이 죄를 알지도 못하신 이를 우리를 대신하여 죄로 삼으신 것은 우리로 하여금 그 안에서 하나님의 의가 되게 하려 하심이라"(고후 5:21). 그리스도가 죄와 제물이 되시자 아버지는 아들로부터 돌아서셨다. 왜냐하면 하나님의 "눈이 정결하시므로 악을 차마 보지 못하"셨기 때문이다(합 1:13). 성만찬 예식에 참예할 때마다 우리는 우리가 지은 죄 때문에 받아야 했던 벌을 예수님이 대신해서 지셨다는 사실을 기억한다. "이것은 너희를 위하여 주는 내 몸이라… 이 잔은 내 피로 세우는 새 언약이니 곧 너희를 위하여 붓는 것이라"(눅 22:19-20). 너희를 위하여! 바울은 이렇게 고백했다. "나를 사랑하사 나를 위하여 자기 자신을 버리신 하나님의 아들"(갈 2:20). 당신을 위하여! 그리고 나를 위하여!

부끄러움

성경은 많은 다른 이미지들을 사용해 죄와 죄인들을 묘사하고 있는데, 그 가운데 몇 가지만 말하면 잃어버린 양, 잃어버린 동전, 유리하는 맹인, 반역하는 자, 시체, 소망 없는 죄수, 노예 등이 있다. 하지만 만일 예수님이 십자가 위에서 우리 죄인들의 진짜 모습처럼 되셨다면, 그것은 벌레가 맞다.

아이작 와츠(Isaac Watts)가 이런 찬송가를 썼다. "이 벌레 같은 나 위해 그 보혈 흘렸네." 그런데 몇몇 현대의 찬송가 편집자들이 "벌레"라는 가사를 "이 죄인 같은 나 위해"로 바꿨다. 우리는 죄인이라 불려도 상관없는 것과 마찬가지로, 벌레라고 불려도 상관없어야 한다. 그것이 바로 우리의 본 모습인 것이다. 편집자들이 찬송가에서 '벌레'라는 단어를 빼 버릴 수는 있어도 성경에서 '벌레'라는 단어를 고칠 수는 없다.

우리는 스스로를 대단히 크고 능력 있는 존재라고 생각하지만 하나님이 보시기에 우리는 작고 연약한 존재에 불과하다. "보라 그에게는 열방이 통의 한 방울 물과 같고 저울의 작은 티끌 같으며 섬들은 떠오르는 먼지 같으니라"(사 40:15). 모세가 애굽 왕 바로에게 할 일들을 지시했을 당시에 바로의 위세는 하나님에게 아무런 위협이 되지 못했다. 산헤립도 헤롯도 가이사도 그 점에서는 마찬가지였다. 하나님은 그들을 모두 단숨에 없애버릴 수도 있는 분이시다. "그러나 하나님께서 세상의 미련한 것들을 택하사 지혜 있는 자들을 부끄럽게 하려 하시고 세상의 약한 것들을 택하사 강한 것들을 부끄럽게 하려 하시며"(고전 1:27).

하나님은 우리를 철저하게 알고 계신다. 하나님은 성경을 통해서 우리가 어떤 존재인지 말씀하시는데 우리는 그것에 동의하지 않을 수 없다. 그럼에도 불구하고 우리 자신이 누구인지는 그리 중요하지 않다. 우리가 그리스도 안에 있다는 사실이 정말로 중요한 것이다. 하나님은 지금도 약한 자들을 사용하셔서 강한 자들을 이기게 하시며 자랑하는 자들을 잠잠케 하신다. 믿음의 여정 어디쯤에 있든지 간에, 우리가 어떠한 존재였는지 우리를 위해 주님이 무엇을 하셨는지를 기억하는 것은 유익하다. 이사야 41장에서 하나님은 자기 백성 이스라엘을 격려하시며 그들을 "나의 종… 내가 택한" 자들이라고 부르신다(8절). 그리고 이렇게 약속하신다. "내가 너를 굳세게 하리라 참으로 너를 도와주리라 참으로 나의 의로운 오른손으로 너를 붙들리라"(10절). 그리고 41장의 한가운데쯤에서 그들을 향해 "버러지 같은 너 야곱아, 너희 이스라엘 사람들아"라고 부르시며 작은 벌레로 하여금 이가 날카로운 타작기로 만드시겠다는 약속을 하셨다(14-15절). 산을 갈아서 모래로 만들 수 있는 날카로운 이를 가진 벌레를 본 적이 있는가?

그렇다고 거울을 들여다보며 "나는 벌레야, 아무것도 아니야"라고 신음해서는 안 된다. 우리는 자신이 어떤 존재인지 알며, 믿음으로 그리스도 안에서 어떤 존재인지도 안다. 자신의 모습에 부끄러움을 느낄 때마다 우리를 사랑하시는 구주 예수 안에서 우리가 어떤 존재이며 무엇을 소유하고 있는지에 대한 확신을 가져야만 한다. 그리스도인의 삶에서 부끄러움과 겸손을 아는 것은 중요하다. "하나님은 교만한 자를 대적하시되 겸손한 자들에게는 은혜를 주시느니라 그러므로 하나님의 능하신 손 아래에서 겸손하라 때가 되면 너희를 높이시리라"(벧전 5:5-6).

경이, 경배, 부끄러움 외에도 한 가지 더 나눌 것이 남아 있다.

감사

오늘날 많은 찬송가들이 앞서 인용했던 아이작 와츠의 찬송가를 포함하지 않으므로 여기에 가사를 적어본다.

> 주 십자가 못 박힘은 속죄함 아닌가
> 그 긍휼함과 큰 은혜 말할 수 없도다
> 늘 울어도 그 큰 은혜 다 갚을 수 없네
> 나 주님께 몸 바쳐서 주의 일 힘쓰리

진심 어린 눈물과 감사야말로 영적인 그리스도인의 두 가지 표징이다. 바싹 마른 눈과 굳은 마음은 대개의 경우 이름뿐인 그리스도인이나 세속적인 신자의 것이다. 영적인 삶에서 유지하기 가장 어려운 것 가운데 하나는 깨어서 기도하는 것과 함께 울면서 기도할 만큼 부담을 느끼는 부드러운 마음이다.

니고데모와 아리마대 요셉은 예수님의 시신을 정성껏 천에 싸서 34킬로그램이나 되는 향료를 뿌리고 요셉이 새로 조성한 무덤에 우리 주님의 몸을 뉘였다. 그러나 3일 후에 몸을 싼 천만 남았고 예수님의 육신은 사라져버렸다. 깔끔하게 쌌던 천은 아름다운 나비가 남긴 빈 고치처럼 보였다. 한때는 '벌레'처럼 무자비하게 다루어졌던 예수님은 이제 살아나셔서 영광의 옷을 입고 계셨던 것이다. 할렐루야!

시편 22편 22-31절은 예수님이 부활하신 이후의 말씀과 사역을 이야기하고 있는데 다음 구절에서 그 절정을 이룬다. "그의 공의를 태어날 백성에게 전함이여 주께서 이를 행하셨다 할 것이로다"(31절). 어떤 성경학자들은 이 구절에 나오는 "이를 행하셨다"를 십자가에서 예수님이 부르짖으셨던 "다 이루었다"(요 19:30)와 동일시하기도 한다.

세월이 흐름에 따라서 나는 사람들 사이에서 감사가 점차 줄어들고 있는 것을 보았다. 마치 다른 사람이 우리를 위해 해주는 것이 당연하다고 느끼는 정서가 우리 교회 안으로도 스멀거리면서 들어오고 있음을 느낀다. 우리는 어떤 것을 잃어버리기 전까지는 그것을 당연한 것처럼 여긴다. 오늘날의 사람들에게는 다양한 소통의 도구들이 있지만 '고맙습니다'라는 말을 얼마나 자주 주고받는지 의문이다. 또한 하나님의 한없는 은혜와 선하심에 대해 우리가 얼마나 감사하고 있는지도 궁금

하다. 다시 묻겠다. 하나님과 다른 사람들로부터 받은 은사와 섬김을 당연하다고 여기는가? 그렇지 않기를 바란다.

"나는 버림받은 자라"는 구절은 최소한 삶에 대해 그리고 그리스도인의 섬김에 대한 우리의 관점을 개선시킬 수 있어야 한다. "작은 일의 날이라고 멸시하는 자가 누구냐." 이 질문은 하나님이 선지자 스가랴에게 물으셨던 말씀이다(슥 4:10). 어느 누구나 태아였을 때, 어린아이였을 때, 신입생이었을 때, 신입 직원이었을 때, 신혼이었을 때와 같이 아주 미약한 시작을 경험한다. 우리는 모두 실패와 좌절을 경험하고나서 진심으로 "나는 벌레다"라고 고백할 수 있다. 하지만 성공하고 인정받고 있을 때 더욱 자주 그렇게 말할 수 있어야 한다. 우리는 다윗처럼 기도해야 한다. "주 여호와여 나는 누구이오며 내 집은 무엇이기에 나를 여기까지 이르게 하셨나이까"(삼하 7:18).

하나님을 위한 시작이 미약하다고 결코 두려워하지 말라. 하나님은 두세 사람도 만나주시는 분이다(마 18:20). 예수님은 이땅에서의 사역을 구유에 누운 갓난아기로 시작하셨다. 많은 위대한 목회 사역들도 작은 기도 모임이나 적은 헌금에서 시작되었다. 허드슨 테일러(Hudson Taylor) 선교사가 중국내지선교회를 10파운드의 예금으로 시작했음을 기억하라. 아이는 작은 도시락을 드렸는데 예수님은 그것으로 수천 명을 먹이시지 않았던가. 나는 목회사 후보생들에게 늘 이 말을 했었는데 오늘은 나 자신에게 그 말을 하고자 한다. 작은 교회도 없고 큰 설교자도 없다. 우리는 오직 위대하고 영광스러운 하나님을 섬길 뿐이다.

11
나는 예수라

아들을 낳으리니 이름을 예수라 하라 이는 그가 자기 백성을 그들의 죄에서 구원할 자이심이라 하니라. - 마태복음 1:21

나사렛 예수시란 말을 듣고 소리 질러 이르되 다윗의 자손 예수여 나를 불쌍히 여기소서 하거늘. - 마가복음 10:47

그 머리 위에 이는 유대인의 왕 예수라 쓴 죄패를 붙였더라. - 마태복음 27:37

이르되 예수여 당신의 나라에 임하실 때에 나를 기억하소서 하니 예수께서 이르시되 내가 진실로 네게 이르노니 오늘 네가 나와 함께 낙원에 있으리라 하시니라. - 누가복음 23:42-43

이 예수를 하나님이 살리신지라 우리가 다 이 일에 증인이로다 하나님이 오른손으로 예수를 높이시매 그가 약속하신 성령을 아버지께 받아서 너희가 보고 듣는 이것을 부어 주셨느니라… 그런즉 이스라엘

온 집은 확실히 알지니 너희가 십자가에 못 박은 이 예수를 하나님이 주와 그리스도가 되게 하셨느니라 하니라. - 사도행전 2:32-33, 36

다른 이로써는 구원을 받을 수 없나니 천하 사람 중에 구원을 받을 만한 다른 이름을 우리에게 주신 일이 없음이라. - 사도행전 4:12

스데반이 성령 충만하여 하늘을 우러러 주목하여 하나님의 영광과 및 예수께서 하나님 우편에 서신 것을 보고. - 사도행전 7:55

이러므로 하나님이 그를 지극히 높여 모든 이름 위에 뛰어난 이름을 주사 하늘에 있는 자들과 땅에 있는 자들과 땅 아래에 있는 자들로 모든 무릎을 예수의 이름에 꿇게 하시고 모든 입으로 예수 그리스도를 주라 시인하여 하나님 아버지께 영광을 돌리게 하셨느니라. - 빌립보서 2:9-11

이것들을 증언하신 이가 이르시되 내가 진실로 속히 오리라 하시거늘 아멘 주 예수여 오시옵소서. - 요한계시록 22:20

...

엄밀히 말하자면, "나는 예수라"는 문구는 "나는 …이다"라는 말씀에 해당하지는 않지만, 이 문구를 넣고자 하는 데는 두 가지 중요한 이유가 있다. 첫째, 예수님을 높이는 것은 언제나 옳은 일이다. 둘째, 그 문구는 사도행전에서 세 번 나오는데 반복은 중요성을 의미한다. 이 책을 읽는 독자 가운데 인격적으로 예수님을 믿지 않거나 중생을 경험하지 못한 사람이 한 사람이라도 없기를 바라는 마음이기에, 예수님이 우리의 주님이자 구주가 되심을 다시 한번 강조하지 않고는 이 책을 마무리하고 싶지 않다.

이 장을 읽기 전에 먼저 사도행전 9장 1-31절을 읽어볼 것을 권한다. 그 구절은 누가가 바울의 회심에 대해 기록한 내용이다. 그런 다음에 사도행전 22장과 26장에 나오는 바울의 두 간증을 읽어보라. 바울의 첫 번째 간증은 예루살렘 성전에서 성난 유대인들 앞에서 한 것이고, 두 번째 간증은 아그립바 2세와 로마의 총독 보르기오 베스도 앞에서 재판을 받을 당시에 행한 법적 증언의 일부이다. 두 간증의 기본 사실은 같으나 이 두 간증 사이에는 특별한 진리들을 밝혀낼 약간의 차이점이 존재한다. 다소 사람 사울이 회심한 것은 예루살렘에서 다메섹으로 가는 일주일 정도 걸리는 여정에서였다. 그 거리가 약 240킬로미터였던 것을 생각해보라.

이번 장은 랍비였던 사울이 이방인을 위한 예수 그리스도의 사도 바울로 변화된 다메섹 도상에서의 만남을 일곱 단계로 나누어 쓰였다.

그는 빛을 보았다(행 9:3, 22:6, 26:13)[1]

누가는 기록하기를 "홀연히 하늘로부터 빛이 그(바울)를 둘러 비추는 지라"고 했고, 바울은 유대인들에게 "홀연히 하늘로부터 큰 빛이 나를 둘러 비치매"라고 말했다. 바울이 베스도와 아그립바에게 한 묘사는 "하늘로부터 해보다 더 밝은 빛이 나와 내 동행들을 둘러 비추는지라" 였다. 빛, 큰 빛, 해보다 더 밝은 빛으로 이어지는 이 순서를 주목하기 바란다. 이것은 내게 잠언 4장 18절의 말씀을 상기시켜준다. "의인의 길은 돋는 햇살 같아서 크게 빛나 한낮의 광명에 이르거니와."

바울에게 빛은 중요한 비유였다.[2] 그는 이사야 42장 6-7절의 말씀을 자신을 향한 말씀으로 받아 그가 일생 동안 붙잡을 요절로 삼았다. "나 여호와가 의로 너를 불렀은즉 내가 네 손을 잡아 너를 보호하며 너를 세워 백성의 언약과 이방의 빛이 되게 하리니 네가 눈먼 자들의 눈을 밝히며 갇힌 자를 감옥에서 이끌어내며 흑암에 앉은 자를 감방에서 나오게 하리라."(또한 사도행전 13:47, 26:15-18, 23을 보라.)

이방인은 영적 어둠 속에서 살고 있다는 히브리 신학의 기초 교리를 바울은 항상 신봉했다. 그런데 이제 하나님이 바울에게 하신 말씀은 유대인인 바울 역시 영적 어둠 속에 있었다는 것이다! 로마인들에게 썼던 멋진 서신에서 바울은 하나님이 이방인이 높아져서 유대인과 같이 되라고 하신 것이 아님을 설명했다. 그는 유대인에게 그들이 이방인과 같이 가장 낮은 수준에 있었다는 사실을 말한 것이다. "곧 예수 그리스도를 믿음으로 말미암아 모든 믿는 자에게 미치는 하나님의 의니 차별이 없느니라 모든 사람이 죄를 범하였으매 하나님의 영광에 이르지 못하더니"(롬 3:22-23). 유대인에게 얼마나 치욕적인 말씀이었겠는가!

하나님이 우리를 보시는 것처럼 우리 자신을 보며 우리의 엄청난 부족함을 인정하는 것이야말로 하나님의 자녀 됨을 위해 내딛는 첫발자국이다. 바울은 출신에 관한 한 자신과 다른 사람들에게 자랑할 만

했으나(빌 3:4-11, 갈 1:11-17), 하나님의 보좌 앞에서 그는 어떤 것도 자랑할 수 없었다. "그런즉 자랑할 데가 어디냐 있을 수가 없느니라"(롬 3:27). 우리의 생각을 바꾸고 우리 자신과 예수님에 대해 진리를 말하는 것을 성경은 회개라고 부른다. 그리고 다른 모든 길 잃은 자들과 마찬가지로 바울은 회개해야 했다. 회심 전에는 반드시 죄의 뉘우침이 있어야 하는데 바울이 자기 죄를 뉘우친 증거가 나온다. 여기에 대해서는 나중에 다시 살펴보기로 하자.

불순종하던 랍비가 이제 막 새로운 피조물이 되려는 순간이었다(고후 5:17). 하나님은 말씀하셨다. "빛이 있으라"(창 1:3). 그로부터 한참 후에 바울은 이렇게 물을 수 있었다. "예수 우리 주를 보지 못하였느냐"(고전 9:1).

그는 땅에 엎드렸다(행 9:4, 22:7, 26:14)

사도행전 9장 7절, 22장 10절, 26장 14절을 비교해보면 바울과 동행했던 자들도 같이 땅에 엎드렸으나, 그들은 다시 일어난 반면 바울은 계속해서 얼굴을 땅에 대고 있었다는 사실을 알게 된다. "교만은 패망의 선봉이요 거만한 마음은 넘어짐의 앞잡이니라"(잠 16:18). 바울의 경우에는 그의 넘어짐이 패망이 아니라 구원의 선봉이 되었다. 이는 연로했던 시므온이 마리아에게 했던 예언을 성취한 것이다. "이(예수)는 이스라엘 중 많은 사람을 패하거나(falling) 흥하게(rising) 하며"(눅 2:34). 이 순서를 주목해보라. 교만은 우리를 겸손케 하는 넘어짐으로 인도하지만, 겸손은 우리를 높이는 엎드림으로 인도한 후에 다시 일으켜 세움으로써 새 생명으로 인도한다. "하나님은 교만한 자를 대적하시되 겸손한 자들에게는 은혜를 주시느니라"(벧전 5:5). 하나님이 다스리시는 가장 높은 곳에서 나오는 은혜는 하나님께 순복하는 가장 낮은 곳에서만 만날 수 있다.

앤드류 머레이(Andrew Murray)는 겸손이란 우리 자신을 초라하게 생각하는 것이 아니라 우리 자신을 전혀 생각하지 않는 것이라고 말했다. 진실로 겸손한 사람들은 자신만을 비추는 거울로 자기 주위를 둘러치지 않는다. 오히려, 다른 이들을 볼 수 있고 그들의 필요를 발견할 수 있는 창문으로 자기 주위를 둘러친다. 예수님은 군중에게 연설을 하셨을 뿐 아니라 시간을 내셔서 각 사람들의 말에 귀를 기울이시고 그들의 필요를 채워주셨다. 문둥병자, 거지, 이방인, 심지어는 죽어가는 강도의 손짓과 부름에도 겸손히 응하셨다.

겸손은 그리스도인의 다른 모든 덕목이 자랄 수 있는 토양이다. 교만한 자들은 다른 사람이 아닌 자기 자신을 사랑한다. 다른 사람에게 관심을 가질 때는 오직 자신의 유익을 위해 이용할 때뿐이다. 교만한 사람은 다른 사람이 자신보다 높아질 것을 언제나 두려워하므로 마음의 평강을 누리지 못한다. 교만한 사람은 주위 사람들에게 인내하지 못하며 다른 사람에게 친절하고 온유해야 한다는 사실을 거의 잊고 지낸다. G. K. 체스터튼(Chesterton)은 이렇게 말했다. "교만은 너무나 독성이 강한 독이라서 미덕들을 해칠 뿐 아니라 심지어는 다른 악까지도 못 쓰게 만든다." 이 말을 다시 읽어보고 묵상해보라.

D. L. 무디(Moody)가 매사추세츠 주에 위치한 노스필드 학교의 교장으로 있었을 때의 일이다. 어느 날 그는 기차역 앞에서 도착할 학생

들을 기다리느라 마차에 타고 있었다. 갑자기 한 남자가 오더니 그에게 자기 딸의 짐을 싣는 것을 도와주고 학교까지 태우고 가라고 명령했다. 무디는 마차에서 뛰어내려 짐을 싣고는 학교로 향했다. 잠시 후 그 아버지가 딸을 등록시키려고 사무실로 들어섰을 때 자신이 명령을 내렸던 그 남자가 학교 교장이었음을 알고 깜짝 놀랐다. 무디는 껄껄 웃으며 그 남자의 마음을 편하게 해주려 했지만 그는 잊을 수 없는 교훈을 마음 깊이 새기게 되었다. 자신의 설교를 통해서 무디는 이렇게 말했다. "만일 우리가 하나님께 쓰임받고자 한다면 우리는 대단히 겸손해야만 합니다. …우리가 고개를 쳐들고 자신이 무언가, 혹은 누군가라고 생각하는 순간 하나님은 우리를 옆으로 제치십니다."[3]

그는 음성을 들었다 (행 9:4, 22:7, 26:14)

그 음성은 이렇게 말했다. "사울아 사울아 네가 어찌하여 나를 박해하느냐 가시채를 뒷발질하기가 네게 고생이니라"(26:14). 바울과 함께 있던 자들도 하늘로부터 오는 음성을 들었으나 그 말을 알아듣지 못했고, 바울은 누가 하는 말인지 알지 못했다. 그 음성의 주인공은 자신이 누구인지를 밝히기 전에 사울의 실체를 먼저 밝혔다. 그는 사울을 자기 방식을 고집하며 바른 길로 가라고 일러주시는 하나님께 반항하는 성난 짐승에 비유했다(행 8:1-3, 9:1 참고). 바울은 자신이 신앙적 열심으로 똘똘 뭉친 랍비이자 하나님의 거룩한 율법의 수호자라고 여기고 있었기에 성난 짐승으로 불렸을 때 큰 충격을 받았을 것이다. 하지만 이러한 고발은 바울을 겸손케 하시는 하나님의 은혜의 과정 가운데 한 단계였다.

고대 근동지역에서 황소를 모는 막대기는 2.5미터 정도 되는 긴 장대로 한쪽 끝에는 진흙을 터는 작은 삽이 달려 있었고, 반대쪽 끝은 뾰족했다. 농부는 그 도구로 황소를 찔러서 순종하도록 만들었다. 여기서 질문이 하나 떠오른다. 사울이 회심 직전에 그의 생각과 마음에 무엇을 경험했기에 마침내 그리스도를 믿게 되었을까? 도대체 하나님이 어떻게 하셨길래 예수는 단지 죽은 사기꾼에 불과하다고 확신했던 이 정신 나간 박해자가 예수님을 믿게 되었을까(마 28: 1-15 참고)?

나는 하나님이 사용하신 최고의 '막대기' 가운데 하나는 바로 최초의 기독교 순교자인 스데반이 보여준 승리의 모습이었으리라고 생각한다(행 6-7장). 바울은 스데반이 예루살렘의 회당에서 말씀 전하는 것을 들었을 가능성이 높다. 길리기아에서 온 유대인들이 그곳에 있었고(6:9) 바울은 길리기아의 수도인 다소 출신이었기 때문이다. 만약 바울이 그 회당에 있었다면, 자신도 "스데반이 지혜와 성령으로 말함을 그들이 능히 당하지 못하"(6:10)는 것을 목도했을 것이고, 이런 점이 젊은 랍비 사울을 분노로 들끓게 했을 것이 분명했다. 바울은 스데반의 능력 있는 설교를 들었고 광채가 빛나는 그의 얼굴을 보았다. 스데반이 돌에 맞아 죽어갈 때 바울은 그 살인에 동조했을 뿐 아니라 스데반을 죽이는 자들의 옷을 맡아주기까지 했다(7:58, 8:1).

성난 유대인 폭도들 앞에서 말할 때 바울은 스데반의 죽음을 잊지 못하는 자신의 마음을 토로했다(행 22장). 그는 성전에서 기도하던 중에 주님이 나타나셨을 때 자신이 무슨 말을 했는지 그들에게 말했다. "주님 내가 주를 믿는 사람들을 가두고 또 각 회당에서 때리고 또 주의 증인 스데반이 피를 흘릴 때에 내가 곁에 서서 찬성하고 그 죽이는 사람들의 옷을 지킨 줄 그들(유대인들)도 아나이다"(19-20절). 스데반의 간증, 예수님이 보좌에 서 계신 것을 본 것, 자신을 죽이는 자들을 향한 용서의 기도, 그의 얼굴에 나타난 하나님의 영광, 이 모든 것이 바울의 마음을 파고드는 막대기였다. 바울이 잡아서 감옥에 넣은 수많은 신자들 또한 바울이 부인할 수 없을 만큼 일관된 증거를 보여주었음이 틀림없다.

또 하나의 고통스러운 막대기는 바울이 "유대교를 지나치게 믿어"(갈 1:14) 하나님의 율법을 자기 힘으로 지키려고 애쓰다가 좌절했으리라는 것이다. 개인적으로 나는 로마서 7장을 바울이 회심하기 이전의 경험을 묘사한 것으로 보지 않는다. 만일 로마서 7장이 그가 회심한 이후 경험한 갈등을 묘사한다면 그가 회심하기 전에는 어떠한 경험을 했겠는가? 자기 노력으로 더 성공한 바리새인이 되고자 노력하면 할수록 바울은 마음속의 더 깊은 죄를 발견했을 것이며 그래서 더더욱 좌절하게 되었을 것이다. 그 당시 바울에게는 로마서 6-7장이나 갈라디아서 3-5장 같은 말씀이 없었다. 그것은 그가 3년 동안 아라비아에서 '교육'을 받고 나중에 썼던 글들이다. 구약의 법을 공부하는 랍비가 되고자 했던 젊은 학도로서 바울은 자신이 얼마나 연약한 존재인지를 거듭거듭 발견했을 것이다. 겉으로는 종교 모범생처럼 보였지만 마음속으로는 넘어지고 실패하는 자신을 누구보다 잘 알고 있었다. 살아 있는 바울의 얼굴에서 죽은 스데반의 얼굴에 어린 광채와 비슷한 흔적을 찾아볼 수 없었던 것이다.

제임스 스튜어트(James S. Stewart) 박사는 자신의 탁월한 저서인 「그리스도 안에 있는 사람(A Man in Christ)」에서 이렇게 적고 있다. "바로 여기서 우리는 부르심을 받기 전 오랫동안 바울의 내면의 삶이 완전한 실패와 좌절과 패배로 점철되어 있었다는 놀라운 사실과 맞닥뜨리게 된다. …자신의 이상을 열심히 좇아가면 갈수록 그 이상은 저만치 멀어짐을 바울은 깨달았다. 그의 마음의 토대가 되었던 의로움은 저만치 멀리 서서 자신의 노력을 비웃고 있었다."[4] 제임스 스토커(James Stalker)는 「성 바울의 생애(The Life of St. Paul)」에서 이렇게 쓰고 있다. "반대로, 그가 율법을 지키려고 애쓰면 애쓸수록 그의 내면에서 죄의 요동은 더욱더 활개를 쳤고, 양심은 죄책감으로 더욱 압박당했으며, 하나님 안에서 누리는 영혼의 평안은 그의 주먹 사이로 빠져나가는 상징과도 같았다."[5]

오늘날 수많은 종교적인 사람들처럼 바울은 진지하고 성실했지만 하나님의 은혜의 선물, 즉 예수 그리스도를 믿음으로 하나님의 의를 받는다는 것이 무엇을 의미하는지 깨달을 수 없었던 것이다. 도대체 무엇 때문에 사람들은 로마인들의 손에 십자가에서 처형당한 나사렛 출신의 유대인 목수를 따르려고 하는 것인가? 교육받은 그의 지성으로는 그 모든 것이 어리석게만 보였다.

그는 물었다 (행 9:5, 22:8, 26:15)

한 젊은 학생이 스승에게 이렇게 물었다. "랍비여, 제가 무언가에 대해 질문할 때마다 어째서 또 다른 질문으로 답하시는 겁니까?" 그러자 랍비가 이렇게 대답했다. "어째서 그렇게 하면 안 되는 건가?"

바울은 올바른 질문을 할 줄 알았기에 이렇게 부르짖었다. "주여 누구시니이까?" 여기서 "주여"라는 말은 단지 존칭으로 '선생님'과 같은 의미였을 수도 있고, 하나님에 대한 경외심을 포함했을 수도 있다. 바울의 정확한 의도가 무엇이었는지 우리는 확실히 알 수 없다. 하지만 그가 들은 대답은 심오한 것이었다. "나는 네가 박해하는 예수라." 놀랍게도 바울이 알게 된 것은 예수가 살아 있을 뿐 아니라(행 25:19), 그분의 사람들과 그분 자신을 동일시했기에 누구든지 그들을 박해한 자는 예수님 자신을 박해한 자로 여겼다는 사실이다. 자신의 맹목적인 종교적 열심으로 인해 바울은 바로 자신의 메시아를 박해했던 것이다. 유대 지도자들이 베드로와 요한에게 "예수의 이름으로 말하지도 말고 가르치지도 말라"고 했을 당시에(4:18) 바울이 산헤드린 공회에 참석했었다면 그는 분명히 그 판결에 동의했을 것이다. 하지만 이제 모든 것이 달라졌다.

예수라는 이름은 신약성경의 원전에 900번 이상, 사도행전에 60번 이상 나온다. 사도행전 4장 12절은 담대히 선포한다. "다른 이로써는 구원을 받을 수 없나니 천하 사람 중에 구원을 받을 만한 다른 이름을 우리에게 주신 일이 없음이라." 신약성경에서 요한삼서를 제외하고는 모든 책에 예수라는 이름이 나오며, 요한삼서 1장 7절에는 이렇게 기록되어 있다. "그들이 주의 이름을 위하여 나가서…." 신약성경은 예수라는 이름으로 시작해서 그 이름으로 끝이 난다(마 1:1, 계 22:21). 우리는 기도할 때 그 이름으로 기도하며(요 14:13-14, 15:16, 16:23-26), 세상이 미워하는 이름도 예수라는 이름이다(15:18-24).

예수(Yeshua)라는 이름은 그 당시 유대인들 사이에서 인기 있는 이름이었다. 이스라엘을 승리로 이끌며 약속의 땅으로 인도했던 사람이 바로 모세의 후계자 여호수아였기 때문이다. 유대의 역사가인 요세푸스(Josephus)는 스무 명의 각기 다른 남자들의 이름을 모두 예수로 기록하기도 했다. 그 이름은 '여호와는 구원이시다'라는 의미다(마 1:16, 21, 25 참고). 그 이름을 가진 사람들이 많았기에 우리 주님은 "예수 그리스도" 혹은 "나사렛 예수"로 알려졌다. 2세기 유대인들은 남자아이들에게 더 이상 '예수'라는 이름을 지어주지 않았다.

그는 예수님께 항복했다 (행 22:10)

바울은 붙잡혔고 눈이 멀었으며 낮아졌고 가르침을 받았다. 이제 바울은 자신이 누구인지, 지금까지 무슨 일을 하고 있었던 것인지 알게 되었고, 자신이 메시아인 예수 그리스도에게 말을 하고 있음도 알았다. 이제 바울은 믿고 순종할 준비가 되었고 이렇게 물었다. "주여, 제가 무엇을 할까요?" 그 질문에 대한 완벽한 대답은 사도행전 26장 16-18절에 나온다.

> "일어나 너의 발로 서라 내가 네게 나타난 것은 곧 네가 나를 본 일과 장차 내가 네게 나타날 일에 너로 종과 증인을 삼으려 함이니 이스라엘과 이방인들에게서 내가 너를 구원하여 그들에게 보내어 그 눈을 뜨게 하여 어둠에서 빛으로, 사탄의 권세에서 하나님께로 돌아오게 하고 죄 사함과 나를 믿어 거룩하게 된 무리 가운데서 기업을 얻게 하리라."

바울은 복수심이 가득한 유대인 무리를 이끌고 그리스도인들을 핍박하기 위한 여정을 시작했었다. 하지만 이제 눈이 먼 채 다른 사람의 손에 이끌려 마치 어린아이처럼 되어 다메섹으로 왔다. 바울은 겸손해졌으며 순종할 준비가 되었다. 그는 3일 동안 어둠 속에 앉아서 아무것도 먹지 않았다. 그때 주님이 그 성의 한 평범한 신자를 보내어 바울의 시력을 회복시키시고 그에게 세례를 주사 성령으로 충만하게 하셨다. 바울이 아니었다면 우리는 아나니아를 만나지 못했을 것이다. 그리고 아나니아가 아니었다면 바울은 사역을 시작하지 못했을 것이다. 다메섹에서 신자들과 함께 지낸 후 바울은 회당에서 담대히 말씀을 전하기 시작했다.

예수님이 바울에게 하신 말씀은 단순했다. "일어나라! 서라! 전하라! 위를 보라!" 바울은 이 말씀을 가지고 당신과 나를 포함해서 자신을 따르는 모든 사람을 도전하고 격려했다.

그는 그리스도의 명령에 순종했다 (행 26:19-23)

바울은 법정에서 이렇게 말했다. "아그립바 왕이여 그러므로 하늘에서 보이신 것을 내가 거스르지 아니하고." 예수님을 핍박했던 반대파의 우두머리 바울이 이제 예수님의 지휘를 받고 있었다. 박해자가 전도자로 변한 것이다. 다른 사람들을 고통에 몰아넣던 자가 이제 그의 사역과 말씀에 반대하는 유대인들과 이방인들로부터 엄청난 고통을 받았다. 사역하는 동안 바울이 받은 고통을 다시 떠올리고 싶거나, 자신이 처한 상황이 참을 수 없을 만큼 힘들다고 생각하는 사람은 고린도후서 4장 1-12절과 11장 16-29절을 읽어보라.

우리가 바울에게 "다메섹 도상에서의 모든 경험을 통해 주님께서 당신에게 어떻게 하셨습니까?"라고 묻는다면 아마 그는 우리에게 빌립보서 3장 12-14절을 읽으라고 권유하며, 그중에서도 특별히 "내가 그리스도 예수께 잡힌 바 된"(12절)이라는 구절에 밑줄을 치라고 할지도 모른다. '잡히다'라는 말은 '붙들다, 움켜쥐다, 손에 쥐다'라는 뜻이다. 하나님이 바울을 구속(arrest)하신 것이다. 하나님은 한 손은 바울에게, 다른 한 손은 바울을 향한 하나님의 뜻에 두시고는 바울이 사역을 하는 동안 그 두 손으로 바울과 늘 함께하셨다. 자신을 불사르는 소원은 "내가 그리스도 예수께 잡힌 바 된 그것을 잡으려고" 달려가는 것이라고 바울은 고백하고 있다(12절). 바로 그 동일한 소원이 우리를 사로잡아야 한다.

그는 말씀을 전파했다 (행 26:23)

바울은 빛을 보았고, 이제부터는 유대인들과 이방인들에게 '빛의 메시지를 전하고자' 했다. 바울은 자신을 하나님의 임명을 받고 하나님의 사랑으로 움직이는 예수 그리스도의 대사로 보았다(고후 5:14, 20). 대사라면 자신이 대표하는 윗사람이 전하는 메시지를 충실히 전해야 한다. 그리고 예수님이 바울에게 주신 메시지는 복음이었다. "내가 복음을 전할지라도 자랑할 것이 없음은 내가 부득불 할 일임이라 만일 복음을 전하지 아니하면 내게 화가 있을 것이로다"(고전 9:16).

모든 목사, 그리스도인 교사, 그리스도인 음악가들은 자신들의 설교, 수업, 노래를 주의 깊게 살피며 자신에게 이렇게 물어야 한다. "예수님은 어디 계시는가? 복음은 어디 있는가?" 우리가 사역을 하는 이유는 재능을 과시하고 자신을 높이기 위함이 아니라 예수 그리스도를 영화롭게 하기 위함이다. "내게는 우리 주 예수 그리스도의 십자가 외에 결코 자랑할 것이 없으니"라고 바울은 말한다(갈 6:14). 바울의 목표는 "(예수님이) 친히 만물의 으뜸"이 되도록 하는 것이었다(골 1:18). 사역의 목적은 사람들에게 감명을 주기 위함이 아니라 예수님과 복음의 진리를 나타내기 위함이다.

우리는 종이지 연예인이 아니다. 그리고 교회가 그리스도의 이름으로 모인 목적은 하나님을 영화롭게 하는 예배를 드리기 위해서이지 사람들의 기분을 좋게 하는 예능프로를 보기 위해서가 아니다. 어느 주일날 우리 부부가 어떤 교회에 들어서자 안내하는 분이 이렇게 인사했다. "환영합니다! 재미있는 시간 보내세요!" 나는 발걸음을 돌려 나올 뻔했다. 여호와께 경배를 드렸던 선지자 이사야가 '재미'를 보았으며(사 6장), 영광의 몸을 입으신 구주를 본 사도 요한이 '재미'를 느꼈던가(계 1:9-18)? 둘 다 예수님을 보았으며 그로 인해 그들은 새로운 영적 비전과 활기를 얻어서 하나님을 더욱 잘 섬길 수 있었다.

오늘 예수님이 우리에게 말씀하신다. "나는 예수라!"

"그러므로 우리가 흔들리지 않는 나라를 받았은즉 은혜를 받자 이로 말미암아 경건함과 두려움으로 하나님을 기쁘시게 섬길지니 우리 하나님은 소멸하는 불이심이라"(히 12:28-29, 참고 신 4:24).

12

오늘을 살며 섬기기

보라 지금은 은혜 받을 만한 때요 보라 지금은 구원의 날이로다.
- 고린도후서 6:2

∴

요즘에는 역사가 너무 빈번하게 다시 쓰여지곤 해서 과연 과거에 진짜로 어떤 일들이 일어났었는지 우리는 정확히 모르게 될 수도 있다. 게다가 우리는 모든 것을 다 아는 존재가 아니므로 미래를 정확하게 예측할 수도 없다. 하지만 우리에게는 여전히 복된 소식이 있다. 바로 지금 현재의 시점에서 하나님이 우리에게 결정할 수 있는 특권을 주시사 과거가 낳은 결과들을 교정할 수도 있고, 미래를 향한 새로운 방향들을 세울 수도 있다는 사실이다. "보라 지금은 은혜받을 만한 때요 보라 지금은 구원의 날이로다"(고후 6:2). 바로 지금! 오늘 말이다!

하나님은 자녀들이 그분의 인도하심과 은혜를 의뢰하면서 한 번에 하루씩 현재 시점에서 살아가기를 원하신다. "우리에게 일용할 양식을 주시고"는 우리의 매일의 양식에만 적용되는 말씀이 아니라 우리가 매일매일 순례자의 길을 걷는 데 필요한 모든 것을 포함하는 말씀이다. 태초에 천지를 창조하셨던 그때로부터 하나님은 지구가 하루에 조금씩 돌아서 태양의 주위를 1년에 한 바퀴 돌듯 우리 은하계를 한 번에 하루씩 작동하도록 정하셨다. 만일 다음 번에 당신이 "시간이 좀 더 있었더라면"이라는 말을 하게 되면 우리 모두에게는 똑같은 양의 시간, 하루 24시간이 주어졌다는 사실을 떠올리며 그 말을 이렇게 고쳐 말하면 좋겠다. "내가 시간 관리를 좀 더 잘했더라면." 이 말은 오직 지혜 있는 자 같이 행함으로 "세월을 아끼라 때가 악하니라"는 말씀과 닿아 있기 때문이다(엡 5:15-16).

1859년 4월 24일 미국의 자연주의 문호인 헨리 데이빗 소로우(Henry David Thoreau)는 자신의 일기에 이렇게 적었다. "지금이 아니면 결코 때가 오지 않는다! 당신은 현재를 살아가며 온갖 파도를 타고서 출범하여 매 순간마다 영원을 찾아야 한다." 자신의 저서 「월든(Walden)」의 첫 장에 소로우는 이런 문구를 남겼다. "마치 영원을 해치지 않고도 시간을 허비할 수 있을 듯이." 어린 시절에 교회를 '떠난' 사람에게서 이처럼 탁월한 글이 나오다니. 하지만 그의 말이 맞다. 만일 우리가 영원에 대해 좀 더 고민한다면 우리는 시간을 훨씬 더 지혜롭게 사용할 것이 틀림없다.

시간은 우리에게 가장 값진 보물 중의 하나이며, 하나님이 주신 순간에서 순간으로 이어지는 선물이다. 그러므로 시간을 아무 생각 없이 쓰거나 어리석게 낭비하는 것은 부끄러운 일이다. 하나님의 도우심으로 우리는 시간을 섬김, 배움, 재산, 즐거움, 건강, 영적 성장으로 바꿀 수 있다. 예수님이 어제 우리를 위해 하신 일에 감사하며 내일 하실 일을 열망한다 하더라도 역시 교회를 향한 핵심 단어는 지금(now)과 오늘 (today)이다. 결국 우리 주님은 "어제나 오늘이나 영원토록 동일"하시기에(히 13:8), 우리가 주님의 "나는 …이다"라는 메시지에서 배웠듯 그분은 현재 시점의 예수님이시다.

사복음서는 예수님이 이 땅에 사시는 동안 육신의 몸으로 "행하시며 가르치시기를 시작"하신 것을 기록한 보고서이다(행 1:1). 그런데 시작이라는 단어가 말해주는 것은 예수님이 오늘날도 자신의 영적 몸인 교회를 통해 계속 "행하시며 가르치시기"를 원하신다는 사실이다. 오순절의 성령 강림(2장)은 끝이 아니라 시작이었으며, 그 성령이 오늘날 우리를 통해 역사하시기를 원하고 계신다. 성령은 시편 95편을 인용하면서 히브리서 3장 7-11절에서 이렇게 말씀하신다.

> "오늘 너희가 그의 음성을 듣거든 광야에서 시험하던 날에 거역하던 것같이 너희 마음을 완고하게 하지 말라 거기서 너희 열조가 나를 시험하여 증험하고 사십 년 동안 나의 행사를 보았느니라 그러므로 내가 이 세대에게 노하여 이르기를 그들이 항상 마음이 미혹되어 내 길을 알지 못하는도다 하였고 내가 노하여 맹세한 바와 같이 그들은 내 안식에 들어오지 못하리라."

이 말씀에서 "거역"은 이스라엘 백성이 여호와의 말씀을 믿지 않고 가나안으로 가서 자신들의 기업을 확보할 것을 거부하면서 가데스 바네

아에서 시작된 그들의 불순종을 가리킨다(민 13-14장). 그 거역은 그 후 38년간 이어지면서 이스라엘 백성은 믿음이 없었던 세대가 죽기까지 광야에서 방황해야 했다. 지도자 열 명의 불순종은 온 나라를 망치는 길로 인도했고, 그것은 결국 길고 긴 장례의 행렬이 되고 말았다.

우리 부부도 긴 세월 동안 사역하면서 우리 몫의 시험과 시련들을 경험했다. 때로는 우리 부부만, 때로는 동역자들과 다같이 하나님을 의뢰하면서 계속 앞으로 나아가는 대신에 포기하려는 유혹을 받은 적도 있었다. 하지만 말씀을 통해서 우리에게 약속을 주시고, 믿음으로 동행하며 기도하는 동역자들을 우리에게 붙여주셔서 함께 기도하면서 그 유혹들을 물리치게 해주신 하나님께 감사를 드린다.

불신에 빠진 이스라엘이 하나님을 거역했을 때 그들의 문제 가운데 하나는 과거에 매달리며 계속해서 애굽으로 돌아가기를 원한 것이었다. 누군가가 자신들을 돌보아주는 명목으로 얻었던 양식과 안전만을 기억했던 그들은 매일의 속박과 수치와 절망은 잊어버렸다. 그들의 불신앙을 초래한 또 다른 이유는 미래에 대한 두려움이었다. 그들은 정말로 자신들이 가나안 땅에 있는 적들을 물리치고 그 땅을 차지할 수 있다고 믿지 않았다. 가나안 땅을 염탐하러 갔던 열두 명의 정탐꾼 중에서 열 명은 그 땅에 거주하고 있는 '거인들'을 보았는데, 그들에 비하면 자신들은 마치 메뚜기에 불과하다고 말했다. 그들은 믿음이 아니라 눈으로 본 것에 의지했으며, 하나님의 약속을 잊어버렸다.

다른 말로 하면, 그들의 마음이 굳어진 것이다. 대개의 경우 굳은 마음은 거역하는 마음으로 이어진다. 이스라엘 백성은 하나님이 하시는 일을 애굽에서 목도했지만 하나님을 의뢰하며 그분의 말씀에 순종하기를 거부했다. 하나님이 보여주시는 사랑과 권능을 고의적으로 무시하고 우리 길로 가기를 고집할 때 우리는 하나님을 시험하는 것이며, 우리를 연단해달라고 하나님께 요청하는 셈이 된다.

다음의 다섯 문단은 우리가 하나님을 멀리하려는 죄를 피하며 날마다 예수 그리스도와 함께, 또한 그분을 위해 신실하게 살아갈 수 있는 비결을 알려준다.

신나는 삶(Excitement)

현재 시제로 살 때 우리는 믿음으로 살게 되며, 하나님이 우리를 위해 최선의 계획을 갖고 계심을 알기에 하루하루를 하나님의 손으로부터 기쁜 마음으로 받아들이게 된다. 집, 모텔, 병원 침대 등 어디에서 눈을 떠도 자신 있게 믿음으로 이렇게 외치게 된다. "이날은 여호와께서 정하신 것이라 이날에 우리가 즐거워하고 기뻐하리로다"(시 118:24). 우리의 초점은 "이제는 내가 사는 것"(갈 2:20), 즉 "선한 일을 위하여 지으심을 받은 자니 이 일은 하나님이 전에 예비"(엡 2:10)하신 삶 위에 두게 된다. 우리는 하나님이 우리를 위해 매일 새 날을 예비하신 것과 하루하루가 성장하고 섬기는 데 필요한 것들을 공급하시기 위한 맞춤형의 순간임을 깨닫게 된다(시 139:16). 매일은 우연이 아니라 약속이며, 하나님을 영화롭게 하려는 열망이 있을 때 우리는 장애물 속에 있는 기회를 보게 된다.

우리가 그리스도인의 삶에 대한 흥분을 잃어버리면 그리스도인의 삶에 주어지는 즐거움도 잃어버리게 되고, 라오디게아 교회처럼 미지근한 신자들이 되고 만다(계 3:14-22). 날마다 시작되는 하루가 믿음 안에서의 신나는 모험이 되기를 기대하는 대신에 아무런 기대감 없이 무언가 더 짜릿한 것을 찾기 시작하게 된다. 매일의 묵상은 지루한 일상으로 전락하고, 어려운 일들에 부딪힐 때마다 분노로 반응하게 되며, 급기야 축복 대신 권태가 삶에 자리를 잡게 된다. 우리 삶에 날마다 허락해주시는 좋은 일들에 감사하기는커녕 주시지 않은 것들로 인해 불평만 늘어놓게 될 것이다.

A. W. 토저(Tozer)는 이렇게 말했다. "약에 취하고 눈이 침침한 세대가 날마다 구하는 것은 싫증나고 둔해진 감각을 흥분시킬 무언가 새로우면서도 강력한 자극제이다."[1] 맞는 말이다. 애굽의 방탕한 생활에 맛을 들인 롯은 아브라함과 함께하는 믿음의 생활에 진력을 내고는 소돔을 향해 움직이기 시작했다(창 13장). 그 결과, 소돔이 멸망할 때 자신이 가진 모든 것을 잃었을 뿐 아니라, 혼인하지 않은 두 딸과 근친상간까지 저지르게 되었다. 롯의 마지막은 좋지 않았다.

날마다 새로 시작되는 하루가 당신에게 기쁨과 풍성함을 가져다줄 것을 안다면, 당신의 삶은 흥분과 기대감으로 넘칠 것이다. 그것이 바로 정확하게 우리 하나님 아버지가 약속하신 삶이다. 시편 기자는 말했다. "내가 모든 재물을 즐거워함같이 주의 증거들의 도를 즐거워하였나이다"(시 119:14). "사람이 많은 탈취물을 얻은 것처럼 나는 주의 말씀을 즐거워하나이다"(162절). 인생은 짧고 세월은 살같이 지나가기 때문에 우리에게는 삶을 낭비할 여유가 없다. "우리에게 우리 날 계수함을 가르치사 지혜로운 마음을 얻게 하소서"(90:12).

만일 마음에 뜨거운 열망이 아닌 따분함으로 가득한 자신을 발견하거든, 유일한 치료법은 죄를 고백하고 회개하며 성경을 펴서 우리를 소생시키시는 하나님의 말씀을 듣는 것임을 명심하라. "여호와의 율법은 완전하여 영혼을 소성시키며"(시 19:7). 하루에 한 걸음씩 믿음으로 살아가는 신나는 삶을 모른다면, 우리는 길을 우회해서 가야 하는 대가를 치러야 할 것이다.

약속의 삶(Appointment)

"두 사람이 뜻이 같지 않은데 어찌 동행하겠으며"라고 아모스 선지자가 물었다(암 3:3). 영어성경 NASB에는 이 말씀이 "두 사람이 미리 약속하지 않았는데, 그들이 같이 갈 수 있겠느냐?"로 번역되어 있다. 하나님의 모든 자녀는 매일 하나님과 만나는 시간과 장소를 정하고 예배, 기도, 말씀 묵상에 헌신해야 한다. 하나님은 나를 아침형 인간으로 만드셨기에 내게 가장 효율적인 시간대는 아침 5시 30분부터 오후 3시까지다. 하지만 이것은 사람마다 다르다. 내 성공한 친구들 가운데 몇몇은 저녁 8시까지는 별 일을 하지 않고 있다가 그때부터 시작해서 새벽 3시까지 일을 한다. 중요한 것은 매일 각자 최고의 시간대를 하나님께 드리는 것이다. 그 시간을 뭐라고 부르는지는 중요하지 않다. 큐티 시간, 기도 시간, 하늘 보기, 매일의 묵상 등, 그 시간은 기도와 말씀을 가지고 방해받지 않는 하나님과의 교제 시간, 우리로 하여금 영적으로 준비되고 하나님의 뜻에 기뻐하며 매일의 삶을 감당하도록 준비시켜주는 시간이 되어야 한다. 우리 삶에서 가장 중요한 영역은 오직 하나님만이 보시는 영역이다. 삶에 문제가 있다면 공개적으로 사람들과 해결책을 논의하기 전에 먼저 기도의 골방에서 은밀히 하나님과 해결해야 한다. 모세와 아론과 훌이 산에서 중보기도를 했을 때 여호수아와 그의 군대는 산 밑에서 벌어진 아말렉과의 전투에서 승리했다(출 17:8-15).

우리는 새 날을 주신 성부 하나님의 섭리에 감사드리고, 우리를 위해 죽으시고 우리와 함께하겠다고 약속하신 성자 하나님께 감사드리며, 인생의 요구와 위험에 직면할 때 능력과 지혜를 주시는 성령 하나님께 감사드리는 개인적인 예배로 우리의 삶을 시작해야 한다. 하나님은 자녀들의 세련되지 않은 찬양의 언어를 즐겨 들으신다는 사실을 믿으면서도 나는 감사의 표현을 내가 말로 할 수 있는 것보다 훨씬 더 멋지게 표현한 찬송가 가사로 대신 읽는 것을 좋아한다.

마지막으로, 우리는 경건을 위한 시간을 따로 떼어놓아야 한다. 예배, 기도, 묵상을 해치우듯이 할 때 주님은 슬퍼하신다. "너희가 나와 함께 한 시간도 이렇게 깨어 있을 수 없더냐"(마 26:40). 성경 몇 절을 재빨리 읽고 묵상집 한두 문단을 대충 훑듯이 보고난 후 하루 일과 속으로 뛰어드는 것은, 하나님의 음성을 '듣고' 하나님이 하시는 말씀을 묵상하며 우리 마음에 주시는 진리를 '소화시키는' 기회를 스스로 박탈하는 것과 같다. 매일의 묵상 시간은 날마다 정해놓은 몇 구절을 읽으려고 애쓰는 장거리 달리기가 아니다. 나는 종종 한 구절에 오랫동안 매달려 있다가 이전에는 깨닫지 못했던 진리를 발견하기도 한다. 하나님의 말씀은 우리의 양식이기에(마 4:4), 그냥 삼키지 말고 천천히 씹어먹어야 한다.

성령이 깨우치시는 삶(Enlightenment)

"주의 말씀은 내 발에 등이요 내 길에 빛이니이다… 주의 말씀을 열면 빛이 비치어 우둔한 사람들을 깨닫게 하나이다"(시 119:105, 130). 이 구절에서 "열다"라고 번역된 단어는 말 그대로 '연다'는 의미이지만 '출입구(doorway)'라고 번역할 수도 있다. 고대의 가옥에는 창문이 없었기 때문에 문을 열어야만 햇빛이 집 안에 비칠 수 있었다. 덮인 성경책은 빛이 되지 못하며 닫힌 마음에는 빛이 들어가지 않는다(누가복음 24:32을 보라). "우둔한"이라고 번역된 단어는 쉽게 속일 수 있는 순진한 사람을 뜻하는데 여기서는 사도행전 4장 13절에서 나오는 학문 없는 범인, 즉 교실에서 수업을 받아본 적이 없는 사람을 말한다.

성경은 고대에 기록된 책이지만 항상 당대에 합당해서 오늘을 살고 있는 우리를 도와준다. 성령은 성경의 각 장들을 통해서 예수님을 우리에게 계시하시고, 우리가 날마다 살아가는 데 필요한 진리를 주신다. "모든 성경은 하나님의 감동으로 된 것으로 교훈과 책망과 바르게 함과 의로 교육하기에 유익하니 이는 하나님의 사람으로 온전하게 하며 모든 선한 일을 행할 능력을 갖추게 하려 함이라"(딤후 3:16-17). 성경은 신학생들이나 고등교육을 받은 사람들뿐 아니라 모든 하나님의 백성을 위한 것이나. 성경의 기록은 "오직 성령의 감동하심을 받은 사람들이 하나님께 받아 말한 것"이다(벧후 1:21). 성령은 하나님의 말씀에 영감되셨을 뿐 아니라 그 말씀으로 우리를 가르치신다. 예수님이 말씀하셨다. "그러나 진리의 성령이 오시면 그가 너희를 모든 진리 가운데로 인도하시리니 그가 스스로 말하지 않고 오직 들은 것을 말하며 장래 일을 너희에게 알리시리라 그가 내 영광을 나타내리니 내 것을 가지고 너희에게 알리시겠음이라"(요 16:13-14 참고). 예수님이 엠마오로 가는 제자들에게 말씀으로 자신을 알리셨던 것처럼 성령도 말씀으로 예수님을 알리신다 (눅 24:25-27).

우리는 성경에 나오는 유형들과 예언들 속에서 예수님을 볼 수 있지만, 또한 사건들(고전 10:1-13), 사람들과 약속들(고후 1:18-22)을 통해서도 예수님을 볼 수 있음을 알고 있다. G. 캠벨 몰간(Campbell Morgan)은 런던에 있는 웨스트민스터신학교에서 매주 목요일 저녁 강해설교를 했다. 설교를 시작하기 전 그는 회중들을 다 일으켜 세우고는 '주 예수 해변서'라는 아름다운 찬송가를 불렀다. 나는 그 가사 중에서 특별히 "생명의 말씀인 나의 주여 목말라 주님을 찾나이다"라는 부분을 좋아한다. 성경을 읽으면서도 예수님을 보시 못하는 것은 우리가 누릴 수 있는 최고의 축복을 놓치는 것이다.

사건들이 일어나고 말씀들이 성경에 기록되었을 때 성령이 늘 함께하셨음을 기억하라. 창조(창 1:1-2)에서 시작하여 하나님의 마지막 초청과 사도의 마지막 기도(계 22:17-21)로 마칠 때까지 성령은 늘 함께 계셨다. 그렇기에 성령은 하나님이 우리로 하여금 행하기 원하시는 진리를 알고 이해하도록 도와주실 수 있는 증인이시다.

하나님이 당신의 아들을 우리에게 선물로 주셨을 때 하나님은 최선의 것을 우리에게 주셨으며, 성공적인 그리스도인의 삶을 살아가는 데 필요한 모든 것을 예수님 안에 주셨다. "하나님의 약속은 얼마든지 그리스도 안에서 예가 되니 그런즉 그로 말미암아 우리가 아멘 하여 하나님께 영광을 돌리게 되느니라"(고후 1:20). 우리는 설명이 아니라 약속을 따라 산다. 그래서 우리가 성령을 통해 약속을 붙잡고 "아멘, 이루어주실 줄로 믿습니다"라고 말하면 하나님은 예수 그리스도 안에서 그 약속을 이루신다.

　나는 우리 가족과 우리가 맡은 다양한 사역들 안에서 우리 부부가 붙잡았고 또한 하나님이 이루신 약속들을 회상하고 싶다. 모든 약속은 오랜 세월 동안 성경에 기록되어왔지만 우리가 그 약속들을 가장 필요로 하는 바로 그때 성령은 그 약속들을 우리를 위해 가르쳐주신다. 우리는 색인이나 성경을 이리저리 뒤적이며 그 약속들을 찾을 필요가 없었다. 매일 성경을 읽는 중에 약속들이 튀어나오며 이렇게 소리를 쳤다. "나를 믿어라!" 예수 그리스도 안에서 하나님은 "경건에 속한 모든 것을 우리에게 주셨으니"(벧후 1:3) 이 풍성한 보물창고를 여는 열쇠가 바로 하나님의 확실한 약속인 것이다. 하나님은 당신의 아들에게 이미 "그래"라고 말씀하셨기에 우리는 그 약속을 우리 것으로 만들기 위해 믿음으로 "아멘"이라고 말하기만 하면 된다. 그럴 때 그 약속은 어느 날 하나님을 가장 영화롭게 하는 방법으로 이루어질 것이다.

격려하는 삶(Encouragement)

　그리스도인의 삶은 나 홀로 기업이 아니기에 자신감에 충만하여 자기 혼자 힘으로 사역을 이루려 할 때 낙심하게 될 것이다. 성경에 나오는 교회에 대한 많은 이미지 중에서 몇 개만 언급해보면, 그리스도인들은 같은 영적 몸의 일원이며, 같은 우리의 양 떼이고, 같은 부대의 군사이자, 한 가족의 자녀이다. 이러한 이미지들이 분명히 보여주는 것은 우리는 서로에게 속한 자들이고, 서로에게 영향력을 미치며, 서로를 필요로 한다는 사실이다. 신약성경에서 우리는 "서로(one another)"라는 단어를 자주 보게 된다. 서로 사랑하라, 서로 용서하라, 서로 덕을 세우라, 서로에게 친절하라. "서로"라는 말은 서로에 대한 관심과 돌봄을 의미한다.

히브리서 3장 13절은 이렇게 교훈한다. "오직 오늘이라 일컫는 동안에 매일 피차 권면하여 너희 중에 누구든지 죄의 유혹으로 완고하게 되지 않도록 하라." 초대교회 사람들은 날마다 성전에서 모였고, 날마다 과부들에게 먹을 것을 주었으며, 날마다 다른 사람들을 그리스도께로 인도했다(행 2:46-47, 6:1). 그들에게는 날마다 서로를 격려할 기회가 있었다. 히브리서 10장 25절은 믿는 자들이 서로 격려하여 교회의 정기적인 모임에 참석하고 거기서 더 큰 위로를 주고받으라고 명한다. 어떤 그리스도인들은 특별히 권면의 은사를 받았는데 그 은사 사용하기를 주저해서는 안 된다(롬 12:6, 8).

이안 맥클라렌(Ian Maclaren)이라는 필명으로 글을 썼던 스코틀랜드의 설교자이자 작가인 존 왓슨(John Watson)은 이렇게 말하곤 했다. "친절하십시오. 당신이 만나는 모든 사람은 지금 싸움을 하고 있기 때문입니다." 나는 그 문구를 내 성경 첫 장에 써놓고 설교하러 강대상에 올라가기 전에 쳐다보곤 했다. 이 어려운 세대에는 낙심을 가져올 수많은 원인들이 존재하기에 설교나 가르침, 상담들을 통해서 사람들이 낙심을 이겨내고 하나님의 약속을 믿도록 도와주어야 한다. 현재 시제를 살고 있는 그리스도인들은 다른 이들의 필요에 민감할 줄 알아 시간을 내어 그들에게 관심을 보이고, 그들의 말에 귀를 기울이며, 그들을 격려해야 한다.

권능을 부여하는 삶(Enablement)

하나님은 이 강력한 "나는 …이다"라는 말씀들을 우리 삶에서 사용하심으로 우리를 돕고, 우리의 삶을 통해서 우리가 다른 사람들을 돕기 원하신다.

분배자(Distributor). 예를 하나 들어보자. 예수님은 생명의 떡이시며(요 6:35), 우리는 말씀을 통해서 예수님을 먹고 산다(68-69절). 그리고 예수님이 우리를 먹이시는 이유는 우리도 다른 사람들을 먹일 수 있게 하시려는 것이다. 우리는 축복을 받을 뿐 아니라 남들에게 축복이 되어야 한다(창 12:2, 시 1:3). 혼인예식의 하인들(요 2:1-10)과 요한복음 6장의 사도들처럼 우리는 제조자가 아니라 분배자이다. 우리는 베드로처럼 말한다. "은과 금은 내게 없거니와 내게 있는 이것을 네게 주노니"(행 3:6). 우리에게 없는 것을 남들에게 줄 수는 없지만 하나님은 기꺼이 우리의 마음과 손을 채우실 수 있으며, 그것들로 우리가 남들에게 먹을 것을 줄 수 있도록 하신다. 그러므로 스스로 축복을 제조하려고 애쓰지 말라. 모든 축복 가게는 예수님만이 독점권을 갖고 계신다.

설교와 가르침과 저술 사역을 하면서 나는 마치 갑자기 찾아온 벗에게 대접할 것이 없어서 이웃에게 양식을 구걸해야 했던 비유 속에 등장하는 그 남자처럼 느꼈던 적이 종종 있었다(눅 11:5-8). 하시만 주님은 언제나 공급해주셨다. 때로는 마지막 순간에 말이다! 결혼식, 장례식, 병원에서 방금 소천한 교우 등, 공부할 시간이 증발해버리는 일이 다반사였지만 하나님은 한번도 나를 실망시키지 않으셨다. 날마다 나는 하나님께 말씀으로 나를 먹여주실 것을 간구했고, 내 식탁에는 언제나 먹을 양식이 끊이지 않았다.

등불지기(Light bearer). 예수님은 세상의 빛이시기에(요 8:12), 예수님을 따르는 우리는 다른 사람들이 자신들의 길을 볼 수 있도록 불을 밝히는 자들이다. 아직 회심하지 않은 이 세상의 사람들은 어둠 속에서 걸어가고 있고, 이렇게 말하기는 슬프지만, 믿는다고 밝힌 수많은 그리스도인들도 어둠 속에 있기는 마찬가지다(요일 1:5-10). 위기가 닥치면 그들은 빛을 달라고 우리를 쳐다본다. "내가 너를… 그들에게 보내어 그 눈을 뜨게 하여 어둠에서 빛으로… 돌아오게 하고"(행 26:17-18). "너희는 세상의 빛이라"(마 5:14).

따르는 자(Follower). 예수님은 선한 목자이시며 우리는 그분의 말씀을 듣고 따르는 양으로서 푸른 초장에서 먹으며 잔잔한 물가에서 새 힘을 얻는다(시 23:2). 예수님은 우리에게 공급하시며("내게 부족함이 없으리로다", 1절) 보호하시기에("내가… 해를 두려워하지 않을 것은", 4절) 우리에게는 필요한 모든 것이 다 있다. 우리 자신이 하나님에게 기쁨이 될 뿐 아니라 다른 양들에게 좋은 모범이 된다. 아무리 많은 훈련과 경험을 했다고 해도 성공하는 리더가 되기 위해서는 우리 자신이 먼저 순종하는 사람이 되어야 한다.

기적의 징조(Wonder). 예수님은 부활이요 생명이시기에(요 11:25-26), 그분을 의뢰한 우리 또한 영적 사망에서 부활했고 영원한 생명을 받았다(엡 2:1-10). 우리는 살아 있는 기적이다. 나사로의 장례식에 참석했던 사람들은 나흘이 지난 후에 살아난 그의 모습을 보고자 베다니로 서둘러 왔다. 나사로는 "나는 무리에게 이상한 징조같이 되었사오나"(시 71:7)라고 고백한 시편 기자와 동일한 마음이었을 것이다. 성경에는 사람들이 참고할 만한 나사로의 말이 한마디도 기록되어 있지 않다. 사람들은 그저 나사로를 보기만 해도 예수님을 믿었다(요 12:9-11). 나는 내 주님께서 "새 생명 가운데서 행하게"(롬 6:4) 나를 도와주심으로 내가 걸어다니는 기적이 되어 다른 사람들을 구주께로 인도할 수 있게 되기를 원한다. 우리 삶이 하나님의 영광이 되는 기적의 근거지가 되게 하자.

나그네(Traveler). 예수님은 길이시고 우리는 예수님을 믿기에 우리의 확실한 종착지는 아버지의 집이다(요 14:6). 우리는 진리를 믿고 생명을 얻었으므로 바른 길로 가고 있다(마 7:13-14). 진리를 믿으면서도 그 길로 가지 않는다면 생명을 놓치게 될 것이다. 그 셋은 항상 함께하기 때문이다. 진리가 예수님 안에 있다고 믿지 않는 사람들에게는 예수님이 주신 생명이 없기에 아버지의 집에서 비참해질 것이다. 오늘날 각광 받는 철학은 절대적인 진리는 없으며, 예수를 믿는 것만이 구원받는 유일한 길이라고 전하는 그리스도인들은 정치적으로 둔한 사람들이라고 말한다. 그러나 예수님은 유일한 길이시다. 많은 길 중의 하나가 아니시다. 우리가 그 길을 따라 순례의 여정을 순종하며 계속할 때 우리는 더 많은 진리를 발견하며 보다 풍성한 삶을 살게 될 것이다.

열매 맺는 자(Fruit bearer). 포도나무이신 예수님의 가지로 붙어 있는 것만이 풍성한 열매를 맺고 유익한 삶을 누리는 유일한 방법이다(요 15:1-

17). 이 말은 더 많고 튼실한 열매를 맺기 위해 고통스러운 가지치기를 감내하는 것을 의미하는데, 그렇게 함으로써 우리는 하나님을 영화롭게 할 수 있다. 우리가 명심해야 할 것은 가지는 열매를 먹지 않고 다른 이들에게 나누어준다는 사실이다. 나이, 경험, 재능은 이 놀라운 열매를 맺는 것과 아무런 상관이 없다. 열매를 맺는 비결은 믿음, 사랑, 순종인데 우리는 이를 통해 그리스도 안에 거하게 된다. 내가 여든 살 생일 무렵의 일이다. 나의 연로함 때문에 생길 수 있는 사역의 한계를 놓고 기도하자 주님은 시편 92편 14절 말씀으로 내 마음에 확신을 주셨다. "그는 늙어도 여전히 결실하며 진액이 풍족하고 빛이 청청하니." 이 얼마나 큰 생일 선물인가!

바울이 말했다. "그러나 내가 나 된 것은 하나님의 은혜로 된 것이니"(고전 15:10).

당신과 내가 바울과 같은 간증을 하기 원한다면, 우리는 예수 그리스도 안에 거하며 현재 시제로 살아야 한다. 언제나 "나는 …이다"라고 말씀하시는 그분 안에서.

주

1장
1. Raymond W. Albright, *Focus on Infinity: A Life of Phillips Brooks*(New York: Macmillan, 1961), 349.
2. Theodore H. Epp, *Moses*, Vol. 1(Lincoln, NE: Back to the Bible, 1975), 86. 「위대한 영도자인 하나님의 사람 모세(바울서신사)」

4장
1. Jaroslav Pelikan, *The Vindication of Tradition*(New Haven: Yale University Press, 1984), 65-66.
2. Dr. and Mrs. Howard Taylor, *The Biography of James Hudson Taylor*(London: China Inland Mission, 1965), 162-163. 「허드슨 테일러의 생애(생명의 말씀사)」

5장
1. 히브리어로 *Hanukkah*라는 단어는 '봉헌(dedication)'을 의미한다.
2. 메노라의 한가운데에 아홉 번째 촛불이 있는데, 이것은 나머지 여덟 개 촛불에 불을 붙이는 데 사용된다.

8장
1. 출 4:22, 신 32:6, 사 63:16, 64:8, 렘 3:4, 19, 말 1:6, 2:10 참고
2. 하나님의 말씀을 음식에 비유한 구절은 마태복음 4:4, 베드로전서 2:2, 고린도전서 3:1-4, 히브리서 5:11-14, 욥기 23:12, 예레미야 15:16에서도 찾아볼 수 있다.
3. 이 부분에 나오는 글은 출판사의 허락을 받아 탕자의 비유에 관한 나의 다른 책, *Another Chance at Life* (Christian Literature Crusade)에서 재인용했다.

9장
1. 화학 기호 H_2O는 물이지만 H_2SO_4는 황산이다.

11장

1. 디모데전서 1장 15-16절에서 바울은 자신의 회심 경험을 "후에 주를 믿어 영생 얻는 자들에게 본이 되게 하려 하심"이라고 말하며, 고린도전서 15장 8절에서는 자신이 "만삭되지 못하여 난 자"라고 말한다. 나는 바울처럼 영광 중에 계신 예수님을 보았으며 예수님이 말씀하시는 것을 들은 그리스도인을 만났거나 그 이야기를 들은 적이 없다. 여기서 바울은 언젠가 자신들의 메시아를 보고 그분을 믿게 될 그가 사랑하는 유대인 동족들을 지칭하고 있다고 나는 생각한다(슥 12:10, 마 24:30–31). 바울이 "만삭되지 못하여 난" 것은 그리스도의 재림 시에 유대인들에게 일어날 일의 한 본인 것이다.
2. 행 13:47, 26:18, 23, 롬 13:12, 고전 4:5, 고후 4:4–6, 6:14, 11:14, 엡 1:18, 5:8–14, 빌 2:15, 골 1:12, 살전 5:5, 딤전 6:16, 딤후 1:10을 보라.
3. D. L. Moody, *Glad Tidings*(New York: E. B. Treat, 1876), 291-292.
4. James S. Stewart, *A Man in Christ*(New York: Harper Brothers, n.d.), 83.
5. James Stalker, *The Life of St. Paul*(Old Tappan, NJ: Fleming H. Revell, 1950), 31.

12장

1. A. W. Tozer, *Born After Midnight*(Harrisburg, PA: Christian Publications, 1959), 68. 「능력: 거듭난 자의 삶에 드러나는 것(생명의 말씀사)」